novum premium

Maria Weißböck

HEINRICH VON PETERSBERG

Eine tapfere Lebensgeschichte nach wahren Begebenheiten

novum premium

Bibliografische Information
der Deutschen Nationalbibliothek:

Die Deutsche Nationalbibliothek
verzeichnet diese Publikation in
der Deutschen Nationalbibliografie.
Detaillierte bibliografische Daten
sind im Internet über
http://www.d-nb.de abrufbar.

ISBN 978-3-903271-65-4
Lektorat: Mag. Eva Reisinger
Umschlag- und Innenabbildungen:
Maria Weißböck
Umschlaggestaltung, Layout & Satz:
novum Verlag

Die von der Autorin zur Verfügung
gestellten Abbildungen wurden in der
bestmöglichen Qualität gedruckt.

Gedruckt in der Europäischen Union
auf umweltfreundlichem, chlor- und
säurefrei gebleichtem Papier.

www.novumverlag.com

Dank an Heinrich
für seine Erzählungen

Gewidmet:
Seinen Kindern und
Enkelkindern

Petersberg ist, wie wir gleich vermuten, ein achthundertsechs Meter hoher Berg. Im Norden fällt er zur Steinernen Mühl ab, wo Helfenberg liegt, im Süden liegt St. Johann am Wimberg. Petersberg heißt auch das Dorf, in dem sich die meisten der folgenden Geschichten abspielten, eine Streusiedlung am Nordhang, aufwärts von Helfenberg. Es gehört zu St. Johann am Wimberg. Schmale Straßen und viele Kurven leiten uns dahin. Adelig (von Petersberg) ist Heinrichs Wesen auf seine älteren Tage auch geworden.

Schon bei seiner Geburt musste er es alleine schaffen. Mutter Johanna konnte nicht viel tun, sie war der Sache ausgeliefert. Es war Sonntag und es gab ein erfreuliches Fest für die ganze Bevölkerung. Beim Feuerwehrzeughaus von Petersberg fand zum ersten Mal die, sich dann jährlich wiederholende, Veranstaltung statt. Seit dem 14. April 1935 gab es eine selbstständige Feuerwehr auf der Nordseite von St. Johann, hinter dem Ederhügel unten, wo das Dorf Petersberg, andere Dörfer, einzelne Gehöfte und Häuser liegen. Das Gründungsfest hatte am 28. Juli 1935 stattgefunden, am Standplatz des Depots, an dem ca. tausend Personen teilgenommen hatten. Siebenunddreißig Kameraden gehörten damals der Feuerwehr an, darunter Heinrichs Vater. Diese marschierten vom Depot zur Kirche von St. Johann, wo sie von der Musikkapelle empfangen wurden. Mit dem Herrn Pfarrer und der Bevölkerung feierten sie eine Festmesse, danach ging es den nicht gerade kurzen Weg zurück zum Depot. Standln mit Essen und eine Teeküche sorgten für Labung. Mehrere Musikkapellen spielten auf, festliche Reden wurden gehalten. Hausfrauen schmückten die Feuerwehrmänner für den nachmittäglichen Festzug mit Kränzen. Auch das Tanzbein kam nicht zu kurz. Das Fest nahm einen friedlichen und heiteren Verlauf. Friedlich und heiter, diese beiden Werte wurden so lange in Anspruch genommen, bis der letzte Tropfen aus dem Fass geflossen war, steht im Petersberger Feuerwehrbuch von damals. Spenden und zum Großteil Robot hatten den Bau, unter dem damaligen Löschzugführer Franz Winkler, ermöglicht. Einen Löschzug hatte es seit dem 25. Juni 1933 gegeben.

An jenem Sonntag, ein Jahr nach der Eröffnung, am 12. Juli 1936, feierte der Herr Pfarrer wieder eine Hl. Messe, Kirchenlieder erklangen, die Musik spielte auf, die Männer der Feuerwehr und deren Frauen sorgten für Speis und Trank. Das Feuerwehrzeughaus und der Feuerwehrwagen wurden erneut besichtigt und begutachtet. Kinder rannten kreuz und quer, lachten, riefen wild durcheinander. So mancher Bub wollte gerne ein Feuerwehrmann werden.

Dort feierte unbesorgt auch Heinrichs Vater mit den Kameraden. Als er morgens das Haus verlassen hatte, war alles in Ordnung gewesen. Die Mutter war hochschwanger, der Geburtstermin nicht mehr weit. Die Töchter, Anna und Wilhelmine, mussten bei der Mutter bleiben, die zwei jüngeren Geschwister waren mit dem Großvater unterwegs.

Oft kommt etwas, das gerade gar nicht passt. Genau an diesem Tag setzten bei der Mutter die Wehen ein. Die beiden größeren Töchter schickte sie eiligst zum Lehnerhäusl. *„Bittet den Nachbarn, dass er schnell zum Feuerwehrhaus geht und dem Vater sagt, er soll so rasch wie möglich die Hebamme verständigen."* Herr Lehner befand sich, wie zu erwarten, auch auf dem Fest, nur der zwölfjährige Sohn war zuhause. So baten sie diesen. Er machte sich auch gleich auf den Weg. Worüber der junge Mann die Nachricht vergaß, ist nicht bekannt.

Die Wehen setzten der Mutter schon zu. *„Hoffentlich kommt sie bald."* Sie kam immer noch nicht. Johanna schaute aus dem Fenster. Es war nichts zu sehen. Keine Hebamme. Nur eine Spinne, die daran war, ihr Netz in der Ecke der Fensternische zu erweitern. Johanna setzte sich. Sie krümmte sich vor Schmerz. Mit dem schlimmen Gefühl hilflos und verlassen zu sein, kauerte sie auf dem Stuhl. Erneut zog eine Welle von Pein durch ihren Körper. Sie musste sich hinlegen: *„Lieber Gott, lass die Hebamme* *kommen"*, betete sie in ihrer Verzweiflung. *„Bitte, lieber Gott, lass alles gut gehen. Wenn nur das Kind keinen Schaden nimmt!"* Schon presste sie. *„Ich kann es nicht zurückhalten, ich kann nicht. Wo bleibt die Hebamme?"* Heftig überkam sie die nächste Presswehe.

Heinrich wartete nicht auf Hilfe, er drängte sich ans Tageslicht. Der Mutter blieb nichts anderes übrig als den Dingen ihren Lauf zu lassen, zu hoffen, die Hebamme träfe doch noch ein. Erfahrung hatte sie bereits. Heinrich war ihr fünftes Kind. Die Hebamme kam noch, aber zu spät. Ob sie noch verständigt worden war, oder ob sie der werdenden Mutter einen Besuch abstattete, von der sie wusste, der bestimmte Tag könne jederzeit eintreffen, weiß niemand mehr. Jedenfalls nicht über den Nachbarn und den Vater. Das war dann auch ohne Bedeutung. Hauptsache, sie war doch noch gekommen, und alles war gut ausgegangen. Ein Bub. Die erschöpfte Mutter freute sich.

Heinrich war von Anfang an unkompliziert. Er schrie sich in den Start des Lebens, das ihm nun geschenkt worden war, schlief ein, schlief den noch sorgenlosen Schlaf. Das war der 12. Juli 1936, der Sonntag, an dem alles begann. Der Vater betrat am Abend die Stube, ermüdet von der auslaufenden Feier. Überrascht war er und erfreut, das Neugeborene, einen Buben, vorzufinden.

Getauft wurde Heinrich nach zwei Tagen in der Kirche von St. Johann, um im Falle eines schnellen Kindstodes nicht in der Vorhölle zu landen. Welch schreckliche Vorstellung für Mütter, ihr ungetauftes Neugeborenes könne wegen der Erbsünde nicht in den Himmel kommen. Manche Mütter spendeten ihren Babys gleich die Nottaufe, um das Schlimmste zu verhindern.

Das alles geschah knapp zwei Jahre vor Schuschniggs berühmt gewordenen Worten: *„Gott schütze Österreich!"* Nach wenigen Jahren Nazizeit und Konzentrationslager, war dieser hoch gewachsene Mann, kaum wieder zu erkennen. Er wog noch vierzig Kilogramm. Von all dem wusste man in Petersberg kaum etwas. Kein Strom, kein Radio, kein Telefon. Die Sorge lag näher: Essen, heizen, was zum Anziehen.

Josef Grünzweil, Heinrichs Vater, hatte das Handwerk eines Steinmetzes von seinem Vater in Helfenberg erlernt und bis zum

Kriegsausbruch ausgeübt. Für das neue Feuerwehrzeughaus in Petersberg war jeder Stein von seiner Hand behauen, was die Familie mit Stolz erfüllte.

Die Feuerwehr von St. Johann liegt, wie der Ort, an der Südseite des Ederhügels, zu weit weg für die damalige Zeit. Ortschaften, wie auch Petersberg, können wegen ihrer Lage von der Ortsgemeinde aus, nicht eingesehen werden. Daher war ein Feuerwehrhaus dringend notwendig geworden. Die schnellste Möglichkeit, die Feuerwehr zu verständigen, bot zu jener Zeit das Fahrrad. Es gab allerdings nur wenige davon, auch keines beim Schauflerhäusl. Den steilen Hügel aufwärts hieß es fest treten und schnaufen, oder schieben, die Seite bergab entschädigte. Bis die Feuerwehr eintraf, war der Brand oft schon in vollem Gange.

Heute stellen wir uns ein großes Feuerwehrauto vor, ausgerüstet mit allem Notwendigen, das schnell zur Stelle ist. Damals befand sich die Ausrüstung auf einem von Pferden gezogenen Wagen. Ein Zweiachser, auf dem vorne und an den Seiten Bänke befestigt waren, die gleichzeitig als Truhen für Schläuche und Werkzeuge dienten. Am hinteren Ende war die Spritze montiert. Bis die Motorspritzen aufkamen, die ersten gab es um 1925, wurden Handdruckspritzen von mehreren Männern bedient. Das Wasser wurde in Kübeln, von Feuerwehrmännern und Helfern, weitergereicht. Bauern, die nicht zu weit vom Zeughaus entfernt ihren Hof besaßen und auch schon Pferde hatten, erklärten sich bereit, schnell zur Stelle zu sein, wenn zum Beispiel ein Gewitter im Anmarsch war. Welcher, und für welche Zeit, wurde jeweils mit den Feuerwehrkameraden abgesprochen. Passierte ein Blitzschlag, wurde der betreffende Bauer verständigt, handelte fast so schnell wie der Blitz, die Pferde mussten laufen. Es gab viele Löschteiche. Jahre später wurden die Pferde von einem Traktor abgelöst.

Im Jahre 1930, Löschzug und Feuerwehr in Petersberg gab es noch nicht, brannte das Schauflerhäusl. Mutter Johanna war gerade mit Sohn Franz, ihrem dritten Kind, niedergekommen. Eine Nachbarin hatte sich eingefunden, um Brot zu backen. Dieses bräunte bereits in dem alten, gemauerten Backofen, der im Haus nahe einer Holzwand stand, als es zu rauchen begann. Schon stachen Flammen hervor. Die Nachbarin lief, so schnell es ihr möglich war, jemanden suchen, der die Feuerwehr in St. Johann verständigen konnte. Die Nachbarn waren und sind am Petersberg kaum nebenan, wie man denken könnte, ihre Anwesen sind verstreut, so brauchte alles seine Zeit. Als die Löschmannschaft aus St. Johann endlich ankam, mit Pferdewagen und Handdruckspritze, eine Motorspritze löste diese erst 1933 ab, hatten die Flammen die Holzwand fest im Griff, loderten aus dem Dachstuhl. Außer den Grundmauern war nicht mehr viel zu retten.

Nachdem die Nachbarin aus dem Haus gerannt war, blieb Johanna, die Wöchnerin, allein mit ihrem Neugeborenen zurück. Anna, die Erstgeborene, die 1924, und ihre Schwester Wilhelmine, die 1926 geboren worden waren, hatte der Großvater, der zusammen mit der Familie wohnte, in den Wald zu seiner Kohlengrube mitgenommen. Als die Feuerwehrmänner endlich die Oberhand gewonnen hatten, die Flammen erloschen waren, suchten sie mit den Nachbarn, die herbeigelaufen waren, um zu schauen und zu helfen, nach Mutter und Kind. Nirgends war auch nur ein Hinweis auf sie zu finden. Die Sorge wuchs. Sie weiteten die Suche auf die Umgebung aus. Weiter unten auf einer Wiese fanden sie die zitternde, weinende Wöchnerin, so wie sie aus dem Bett geflohen war, gebeugt über das Kind in ihren Armen, ein verzweifeltes Häufchen Elend.

Eine Nachbarin nahm ihr vorsichtig das Neugeborene ab, andere halfen ihr aufstehen, stützten sie auf dem Weg zurück zum Haus. Schwarz der halbeingefallene Dachstuhl, schwarz die herausgefallene Haustüre, schwarz von verkohlten Holzstücken und Ruß der steinerne Boden im Flur, schwarz die Decke, die angebrannten, hölzernen Träger brüchig. Hilfsbereite Nachbarn boten der Familie Unterkunft.

Großvater und Vater bauten das kleine Häusl bald wieder auf. Geld dafür war nicht vorhanden. Der Vater musste sich Geld von seinem Bruder Karl leihen, der in Waldhäuseln bei Helfenberg einen Steinmetz Betrieb aufgebaut hatte. Das führte später zu Zwistigkeiten. Zuerst konnte der Vater nichts zurückzahlen, dann kam der Krieg, dann, als der Vater das Geld auftreiben konnte, die Geldentwertung. Viel sah der Bruder nicht mehr von seinem Darlehen. Seit damals redeten die beiden Brüder nicht mehr miteinander. Heinrich pflegte noch Kontakt zu einem Cousin. Karl wurde später Bürgermeister von Helfenberg. Die Brüder Franz und Konrad waren auch Steinhauer. Der eine erbte den elterlichen Betrieb, der andere baute in Braunau einen solchen auf.

Mit den Jahrzehnten triftete die Verwandtschaft mehr und mehr auseinander, die Verbindungen lösten sich. Fährt Heinrich durch Helfenberg, gehen dieser Geschichte wegen immer noch viele Gedanken durch seinen Kopf. Die Auswirkungen eines Krieges sind nicht nur die schrecklichen, grauenhaften, die uns im Fernsehen immer wieder vor Augen geführt werden, es sind auch die unzähligen Begebenheiten, die Kriege auslösen und hinterlassen. Folgen verzweigen sich wie unsichtbare Fäden in der Bevölkerung, bleiben über Generationen bestehen. Einfach so, ohne dass man noch weiß warum.

Der Großvater, der Vater von Heinrichs Mutter, war ein umtriebiger Mann. In St. Peter betrieb er zusammen mit seiner Frau, in gemieteten Räumlichkeiten, ein kleines Geschäft. Später übersiedelte er nach St. Johann, erwarb ein Häusl an der Straße bergauf nach Petersberg, führte den Gemischtwarenhandel dort weiter. Sein Fleiß und seine Umsichtigkeit ermöglichten ihm, nach mehreren Jahren, den Erwerb eines weiteren Häusls, eben dieses, welches 1930 abbrannte und wieder aufgebaut wurde.

Erbaut hatte es 1860 ein Zimmermann. *„Zimmerer Hansl“* wurde er wegen seines guten Handwerks gerufen. Aus der Familie Staneck stammte er. Ein paar hundert Meter weiter westlich seines Elternhauses, heute Zeinhoferhäusl genannt, ließ er sich nieder. 1890 erwarb dieses von „Zimmerer Hansl“ erbaute Häusl Johann Schaufler, Heinrichs Großvater. „Schauflerhäusl“ wurde es viele Jahre, auch noch zu Heinrichs Zeiten, genannt. „Ban Greazwei“, bürgerte sich später ein.

In seinem ersten Häusl, am Rande von St. Johann, gebar die Großmutter weitere Kinder, insgesamt waren es zehn, von denen das älteste, ein Sohn, und das jüngste, eine Tochter, Heinrichs Mutter, dem Leben erhalten blieben. Acht kleine Kinder mussten die Mutter und der Vater, nach Hoffen, Bangen, Seufzen, Weinen, Schluchzen, nach verzweifeltem, verlorenem Kampf auf den Friedhof tragen. Babys mit kleinen Händchen, kleinen Zehlein, Kinder, die lachten, wenn die Mutter sich über sie beugte, Kinder, die ihre Ärmchen um Mutters und Vaters Hals schlangen, Kinder, die aus den Unterschränken Blechdeckel hervorkramten und Musik damit machten, Kinder, die schon laufen konnten, auch schon verständig waren. Acht Mal betteten die Eltern ein Kind in einen kleinen Sarg. Ein Strom von Tränen fiel auf den jeweils verlorenen Liebling. Drei Kreuze machten sie darüber. Eine Reihe kleiner Gräber gleich nach dem Friedhofstor, wie sie da und dort noch zu finden sind, berühren Menschen bis heute.

Dieses Haus, in dem die Großeltern so viel Leid erlebt hatten, aber auch Erfolg, vermachte der Großvater später seinem Sohn. Mit seiner Frau und Tochter Johanna zog er in das neu erworbene, nach Frauenschlag, heute Petersberg. Er hatte sich in die dortige Landschaft verliebt. Für ihn sei hier das Paradies, sagte er und auch für Heinrich ist es bis heute nicht anders. „Dahoam is dahoam", steht auf dem inzwischen stattlichen Haus geschrieben. Damals bestand es aus vier Räumen. Einer Küche, angeschlossen an die Stube, wo später Heinrichs Eltern schliefen, ein Schlafraum für die Großmutter und den Großvater, und ein Zimmer, in dem später Heinrich und seine Geschwister sich die Betten teilten. Ein Stall, angeschlossen an den Wohnteil, darüber der Heuboden. Das Haus, in dem Heinrich geboren worden war und heranwuchs. An die Großmutter erinnert Heinrich sich nicht. Sie dürfte ein paar Jahre vor seiner Geburt gestorben sein.

St. Johann blickt auf eine tausendjährige Geschichte zurück. Eppo von Windberg, der damalige Herrscher in dieser Gegend, vermachte das Gebiet 1108 n. Chr. dem Stift St. Florian. Ausgehend von den Florianern, wurde eine Kirche gegründet. Bereits zuvor fanden sich vereinzelt Niederlassungen. Im 12. und 13. Jahrhundert besiedelten die Hochfreien Blankenberger,

Wimberger und Waxenberger mit ihrem Gefolge das Gebiet. St. Johann gehört zu den ältesten urkundlich erwähnten Orten des Bezirkes Rohrbach.

Leidvolle Ereignisse fegten mit den Hussiten-Einfällen und den Bauernkriegen über das Gebiet hinweg. Bauernführer Georg Plöderl, der sich 1626 besonders hervortat, ist den Bewohnern bis heute ein Begriff. Im 18. Jahrhundert brannte der Ort zwei Mal völlig ab. Die Menschen verloren den Mut nicht, sie bauten wieder auf. Von Beruf waren sie Bauern, Knechte und Mägde, auch Kleinhäusler mit Nebenberuf, meist fahrende Händler. Später verdienten viele Menschen auch mit Hausweberei ihren Unterhalt. Bald gab es auch eine Volksschule. Lesen, Schreiben, Rechnen wurde immer wichtiger.

Dass er noch lebe, verdanke er einer Katze, erzählte Heinrich. *„Einer Katze?" „Ja, einer Katze."* Das Elternhaus steht an einer steilen Hanglage. So steil, dass das Dach vor dem Umbau fast in den Hang überging. Vor dem Haus war der Hang eingeebnet. Neben dem Haus befand sich ein steinerner Grander, mit der Rückseite zum Hang. Wasser für Haus und Stall sammelte sich darin. Ein Anziehungspunkt für den noch recht kleinen Heinrich. Er versuchte auf den Grander zu klettern, verlor den Halt und fiel in das für ihn zu tiefe Wasser. Wie man sich vorstellen kann, schlug er um sich, es platschte und spritzte. Die Hauskatze, die sich in der Nähe sonnte, interessiert an diesem Vorfall, fing plötzlich an laut zu miauen. Die Mutter im Haus wunderte sich über dieses Geschrei, was die Katze denn habe, sah nach und zog erschrocken das Kind aus dem unfreiwilligen Bad, drückte es an sich, herzte es, sprach beruhigend auf es ein, steckte es in trockene Kleidung.

An die Katze dachte sie zuerst gar nicht. Erst als sie selber wieder zur Ruhe gekommen war, kam ihr das eigenartige Verhalten dieses schmeichelnden Viehs in den Sinn. Mit dem kleinen Heinrich, der auf dem Boden umher kugelte und auf allen Vieren unterwegs war, war sie vertraut, das ja. Und Heinrich mit ihr. Hatte das Tier verstanden, was hätte passieren können? Hatte es Angst gehabt und war deshalb so laut geworden? *„Tagtäglich ist die Katze um uns und wir wissen nichts von ihr."* Jedenfalls war die Mutter von Dankbarkeit erfüllt, streichelte sie öfter als zuvor, redete mehr mit ihr, abends kam sie, wenn die Kühe gemolken wurden, in den Stall um ein Schüsserl Milch.

Wieder kam der 5. Dezember, der Tag, den der schon etwas größere, kaum schulpflichtige Heinrich, fürchtete. Den Krampus scheute er, der jeweils hinter dem Nikolaus in die Stube rasselte. Er verkroch sich unter dem Tisch und noch weiter unter die Bank, bis ins letzte Eck. So einem schwarzen Teufel mit Hörnern, der wenig zimperlich die Kinder mit der Rute verfolgte, dem wollte er sich, seit der ersten Bekanntschaft, nicht mehr aussetzen. Als wieder ein so gefürchteter Tag anbrach, die Großen den Kleinen vormachten, der Schwarze mit der Rute werde sie schon erwischen, verzog er sich frühzeitig auf den Heuboden. Ein Loch wusste er in einem großen Futterstock. Dort kroch er tief hinein und verhielt sich ganz leise. Er rührte sich auch nicht als die Mutter und die Geschwister ihn suchten. So laut sie auch riefen, er blieb stumm. *„Da findet mich niemand“*, war er nun sicher. Jedoch horchte er angespannt auf Geräusche des Himmlischen und Gepolter des Teuflischen. Viel vernahm er nicht. Es war längst dunkel, die Augen hatte er zugemacht, ohne es zu wollen, rutschte er ins Träumeland. Erst am nächsten Morgen kroch er hervor, rieb sich die verschlafenen Augen, schüttelte sich, zupfte und klopfte Heu und Staub von Haaren und Gewand, ging in die Stube hinunter, sagte nichts, war einfach wieder da. Die Mutter war froh, den selbstständig handelnden Heinrich wieder am Tisch zu sehen. *„Gott sei Dank bist du wieder gekommen“*, sagte sie.

Verhielten sich Kinder zu jener Zeit nicht so, wie Eltern es befohlen hatten, wurde ihnen oft mit dem Krampus gedroht. Gelobt wurden sie kaum, aber zurechtgewiesen, manche nicht selten auch geschlagen. Kein Wunder, wenn Kinder kein gutes Bild von sich selber sehen konnten und das Gefühl in sich trugen, sie seien nicht in Ordnung, der Krampus werde sie bestrafen, was bedeutete schlagen. Wie hätten sie wissen sollen, dass sie, abgesehen von wenigen Ärgernissen, die im kindlichen Übermut vorkommen, liebenswert, die Freude der Eltern waren, wenn kaum einer es ihnen sagte?

Was beichteten Kinder in dem gefürchteten Beichtstuhl?

„Ich habe heimlich Honig genascht." (Er stand offen da.)

„Ich habe ihn umgestoßen." (Er hat mich nicht in Ruhe gelassen. Eigentlich wollte ich ihn am liebsten umbringen.)

„Ich habe gelogen." (Hätte ich die Wahrheit gesagt, hätte der Lehrer mir eine Ohrfeige und eine Strafaufgabe gegeben, dazu habe ich keine Zeit, ich muss doch arbeiten.)

Ein Mädchen beichtete sogar, es habe verbotener Weise, heimlich, von den frisch gekochten Erdäpfeln für die Schweine genommen, was auf dem Hof verboten war.

Drei „Vater unser" als Buße waren schnell herunter geleiert. Bis zum nächsten Schulbeichttag brauchten die kleinen Sünder nicht mehr an diese peinliche Zitterpartie denken.

Auf dem Grundstück seiner Eltern stand ein Kirschbaum, recht nahe an der Grenze zu einer Nachbarin. Wer ihn dort gepflanzt hatte? Keiner weiß es. Er war halt da. In der Frau fing es an zu rumoren wegen dieses Baumes, warum und wieso, was genau ihr die Laune verdarb, ist nicht bekannt. Es gab keinen Garten dort, der hätte leiden können, nur Wiese. Mehrmals fing sie Streit an und da das nicht fruchtete, versuchte sie auf ihre Weise den großen Baum zu entfernen. An der Grundgrenze grub sie hinüberreichende Wurzeln aus und hackte sie ab. Auf die Frage, was sie da mache, kam es erneut zum Streit zwischen den Nachbarinnen. Der kleine Heinrich beobachtete die Szene. Da hörte er, wie die hastig Arbeitende schrie: *„Und dass ich es dir sage, Johanna, dein Bub ist auch nicht, wie er sein soll!"* Da niemand ihm sagte, er sei ganz normal, ließ dieser Satz ihn nicht los. Nach seinen Erfolgen hatte er ihn immer noch nicht vergessen. Wiederholt erzählte er, was die Nachbarin über ihn gesagt hatte. Diese gab nicht so rasch auf, was den Baum anlangte. Einen Zaun als Abgrenzung gab es nicht, so war sie zu sehen, wenn sie wieder ans Werk ging.

Einmal kam gerade Heinrichs Vater mit Pferd und Wagen von seinen vielseitigen Geschäften zurück, als sie den Krampen zur Seite legte und mit der Hacke an die freigelegte Wurzel ging. *„Was machst denn da, Nachbarin?"*, der Vater. *„Siehst eh,* *die Wurzeln von deinem Baum schaden meinem Grund!"* Mit der Pferdepeitsche, die der Vater noch in der Hand hielt, näherte er sich drohend der hackenden Nachbarin, die immer noch weiter schimpfte, und zog ihr diese über das Hinterteil. Vor Schreck und wahrscheinlich auch Schmerz schrie sie auf, beschimpfte den Übeltäter lautstark, packte ihr Werkzeug zusammen, drehte sich noch einmal um und schrie ihm wütend zu: *„Sepp, das lass ich mir nicht gefallen, das wirst du noch sehen!"*, und rannte davon. Von da an ging sie nicht mehr an den Baum, das war alles, was der Sepp zu sehen bekam. Der Baum war doch recht beschädigt, ein paar Jahre machte er es noch, dann büßte er für den Verlust der großen Wurzeln auf dem Nachbar-Grundstück, starb, und die Schaufelhäusler mussten ihn umsägen.

Diese Nachbarin hatte das Sacherl, das sie bewohnte und bearbeitete, geerbt und dazu zwei ältere Männer, wahrscheinlich Verwandte. Einer der beiden fiel eines Tages von einem hohen Kirschbaum, verletzte sich schwer, starb nach einiger Zeit. Der andere sei nicht ganz richtig im Kopf, hieß es. Ihn ereilte auch ein bitteres Schicksal. In einer miesen Kammer vegetierte er vor sich hin. Durch Löcher in der Mauer schlüpften Ratten und nagten Teile seiner Ohren ab.

Solche Vorkommnisse waren zu jener Zeit kein Einzelschicksal. Menschen mit Behinderung wurden oft versteckt, als Schande für die Familie angesehen. Neben der vielen Arbeit blieb oftmals wenig Zeit für deren Pflege.

Als kleines Kind hatte der Großvater Heinrich mit in den Wald genommen, wo dieser Wurzelstöcke ausgrub, und Heinrich sah, wie das zu tun war. Diese galten als besonders gutes Heizmaterial. Der Großvater brannte sie zu Kohle, die er auch verkaufte, um zu Geld zu kommen. Seine Abnehmer waren die Schmiede. Als Zehnjähriger machte sich Heinrich auch allein auf in den Wald, ausgerüstet mit Scheibtruhe, Krampen, verschieden großen Schaufeln, Handsäge und Hacke. Eine mühselige Geduldsarbeit für einen starken Mann, noch viel mehr für ein Kind. Als ein Nachbar einen großen Baum fällte, fragte er diesen um die Wurzeln. *„Das schaffst du nie"*, lachte der Bauer. Das forderte den jungen Heinrich heraus. Tag für Tag grub er

Erde weg, legte eine Wurzel nach der anderen frei. Nach drei Wochen hatte er es geschafft. Der Nachbar lachte nicht mehr. Der Bub war stolz auf die getane Arbeit. Heizmaterial musste herbeigeschafft werden, zum Häusl gehörte kein Wald. „Stöwön wirten" bedeutete im Wald herumliegende Äste sammeln, stapeln, trocknen lassen. Zuhause wurden sie in passende Stücke gehackt. „Stöwön" ergaben gute Hitze. Geheizt wurde nur die Küche, neben der sich die Stube befand. Immer wieder brachte Heinrich Heizmaterial nach Hause, viele Tannen- und Fichtenzapfen, viel Klaubholz.

Nicht nur Brennmaterial brachte der Bub nach Hause. Mit seiner Mutter stand er während des Krieges und auch noch danach im Sommer und Herbst früh auf, noch weit vor der Stallarbeit, um Schwammerl zu sammeln und Beeren zu pflücken. Sie machten sich auf in den großen Jödanglwald, welcher an ihr Grundstück grenzte. Nicht etwa so, wie wir das heute zu unserem Vergnügen betreiben, als Erholung und Zeitvertreib und um unser Verlangen nach dem ganz besonderen Geruch und Geschmack zu befriedigen. Schwammerl waren für die Familie ein notwendiges Nahrungsmittel. Die drei größeren Kinder hatten zwar ihre Arbeitsplätze bereits gefunden. Frühzeitig mussten Kinder zu jener Zeit zu Bauern, oder auch Gastwirtschaften. In vielen Familien war Essen knapp. Die damals höhere Kinderzahl satt zu bekommen, eine oft schwer lösbare Aufgabe. Wenn sich heute Jugendliche am Wochenende in Discos aufhalten, sich zur Lehrlingsentschädigung noch Geld von den Eltern betteln, nicht wenige sich betrinken, manche aus Wohlstandslangeweile mit Drogen in Berührung kommen, betrunken mit Autos fahren, arbeiteten sie damals, um zu essen. Heinrichs um drei Jahre ältere Schwester Maria, die als Hauserbin vorgesehen war, und der vier Jahre jüngere Bruder Adolf, und eben Heinrich, lebten noch zuhause. Die Mutter legte die Pilze zum Dörren auf Rüttelsiebe, Luft trocknete so auch von unten. Im Winter boten die Waldfrüchte eine willkommene Abwechslung.

Ein Rüttelsieb besteht aus einem runden oder viereckigen Holzrahmen, in dem sich ein Sieb spannt. Korn wurde vor dem Mahlen darin gerüttelt, von allen Sperkeln gereinigt. Korn hält länger als Mehl, daher wurde es portionsweise verarbeitet. Schnell konnten sich Mehlwürmer im Sack winden. Passierte das, wurden sie ausgesiebt und das Mehl weiter verwendet. Siebmacher war damals ein eigener, wichtiger Berufszweig.

Die Pilze kennt Heinrich bis heute genau. Seine Mutter zeigte ihm die Standorte, die Erkennungsmerkmale, die feinen Unterschiede. Zwei Menschen im taufrischen Wald, gemeinsam der Vorsorge hingegeben. Klaubholz, Schwammerl und Beeren nach Hause bringen wurden in Heinrichs Kinderzeit seine Haupttätigkeiten. Von den Heidel- und Himbeeren bereitete die Mutter Saft, der nicht gekocht, sondern mit Zucker kalt haltbar gemacht wurde, die Vitamine blieben auf diese Weise erhalten und es entstand eine natürliche und gute Medizin für die kalte Jahreszeit.

Durch Zufall hörte Heinrich, der Kaufmann Maindl von Waxenberg kaufe laufend Eierschwammerln. Da machte sich das Kind, ein bis zwei Mal pro Woche, zu Fuß auf den Weg, den gefüllten Korb in der Hand, zehn Kilometer hin und zehn Kilometer zurück. Er brachte Bargeld nach Hause, an dem es oft genug fehlte. Als er etwas größer geworden war, war er früh, vor allen anderen, im Wald zu finden. Leute, die ihn kannten und auch auf der Suche nach Pilzen waren, nannten ihn scherzhaft „Schwammerl-Jäger" und meinten, wenn sie ihn sähen, wüssten sie schon, alles Brauchbare sei weg, sie müssten in einen anderen Wald. Heinrichs Lebensphilosophie, die er schon früh entwickelte, enthält bis heute unter anderen Erkenntnissen die Sprichwörter: *„Morgenstund hat Gold im Mund"*, und *„Wenn man will, geht viel"*. Diese bewahrheiteten sich immer wieder, auch schon damals im Jödanglwald. So war der junge Heinrich auf dem Weg, zu einem verantwortungsvollen Mann heran zu wachsen.

Im Jödanglwald gurgelt auch der Jödanglbach talwärts. Sein Ursprung findet sich zwischen dem Bauernhaus Eder am Hügel und dem Grumbihäusel. Durch den Wald findet er seinen Weg hinunter bis zum Ende von Uttendorf, vorbei an der Hummelmühle, schließt sich bei der Fauxmühle der Steineren Mühl an. Dieser Jödanglbach übte große Anziehungskraft auf Heinrich aus, wie Gewässer das so an sich haben. Vereinzelt fanden sich

Fische in diesem Bach. Heinrich konnte nicht widerstehen. Eine zu verlockende Aufgabe. Aber wie sollte er die flitzenden Dinger erwischen? Das Rüttelsieb fiel ihm ein, das viereckige. Dieses setzte er ins Wasser, die Öffnung gegen die Strömung. Mit Steinen gab er ihm Halt, verbaute die Schlupflöcher, setzte sich und beobachtete seine Fangvorrichtung. Schwamm ein Fisch an das Netz, was dauern konnte, musste der Bub schnell zupacken, sonst war er wieder weg. *„Wenn ich Glück gehabt habe, erwischte ich einige"*, erzählt er heute von diesem spannenden Abenteuer. Gebraten freute sich die Familie über eine wohlschmeckende, nahrhafte, eiweißreiche Abwechslung zu Kraut und Erdäpfeln. Ob Fischen erlaubt war oder nicht, daran verschwendete Heinrich damals keinen Gedanken. Als er später das Häusl übernommen hatte, legte er, weil Fische ihm so geschmeckt hatten, auf eigenem Grund einen Fischteich an, der bis heute besteht. Schwiegersohn Manfred findet darin seine Leidenschaft.

Im Spätwinter 1945 wurde eine schreckliche Geschichte von Dorf zu Dorf geflüstert. Nur unter sehr gut Vertrauten wurde das Furchtbare ausgetauscht, drinnen in den Stuben, oder bei Begegnungen. Rundum schauten die Menschen, ob die Luft rein war und sprachen leise. Furcht vor Verfolgung hatten Menschen, die anderer Meinung waren, als jene, die immer noch „Heil" schrieen und sich damit protzten.

Es sei zu einem Großausbruch im Konzentrationslager Mauthausen gekommen. Fünfhundert Häftlingen soll das gelungen sein, die meisten davon Russen. Die Zustände dort seien grauenhaft. Manche Entkräftete sollen einfach über die hohe Stiege hinunter in den Steinbruch gestoßen worden sein. Es ist unvorstellbar, wie mit Menschen umgegangen wird. Kann sich ein Wärter denn nicht vorstellen, er selber könnte in so eine Lage geraten sein? Wir sehnen uns nach unseren Männern und Söhnen, hoffen und beten, sie mögen diesen Wahnsinn überleben. Jeder Häftling hat eine Mutter, viele eine Frau und Kinder. In jedem Menschen wohnt die Sehnsucht nach Leben, nach seiner Familie. Die meisten Häftlinge seien nicht weit gekommen. Zu ausgehungert, zu entkräftet. Außerhalb des Lagers habe der Schnee sich rot gefärbt, die knatternden Maschinengewehre seien im Einsatz gewesen. Welche Chance blieb angesichts der Waffen? Nationalistische Verbände, auch Soldaten und sogar Zivilisten hätten die armen Teufel verfolgt. Eine Treibjagd, ja, wirklich eine Treibjagd mit Hunden gegen Menschen sei ausgerufen worden. Drei Wochen seien die Verfolger durch die Wälder gestreift, in Häuser eingedrungen, nicht den letzten Winkel hätten sie ausgelassen. Die meisten Flüchtenden seien aufgegriffen, an Ort und Stelle erschossen oder einfach erschlagen worden. Einige seien von Bauernfamilien aufgenommen worden. Wenn das nur gut geht! Wann ist dieser Horror endlich vorbei? Kommt denn keine Morgendämmerung mehr? Und kein Licht? Nach Ried in der Riedmark seien die Leichen gebracht worden und aufgestapelt, wie die Beute nach einer herbstlichen Treibjagd. Mütters Söhne auf einem wilden Haufen! Die SS nenne es zynisch „Mühlviertler Hasenjagd“. *„Wo ist alle Empathie geblieben? Aus welchem Stoff sind diese Verbrecher gemacht?“*, so die einen, *„die Welt steht nimmer lang“*, so andere, aufgewühlten Herzens, in fortwährender Besorgnis um die eigenen Männer und Söhne, die diesem Wahnsinn noch nicht zum Opfer gefallen waren. *„Es tut mir leid für die russischen Mütter und Frauen“*, sagte eine Frau mit zittriger Stimme. *„Mein Mann wurde vergiftet, er war bei der Heimwehr und mit Dolfuß bekannt. Zwei Söhne habe ich in diesem Krieg verloren und eine Tochter bei einem Bombenangriff in Linz. Wozu soll ich weiterleben? Auch russische Mütter und Frauen werden sich diese Frage stellen.“*

Das größte Problem nach dem chaotischen Ende des Zweiten Weltkrieges und des Naziregimes war die Versorgung der Bevölkerung mit Lebensmitteln. Der Großteil litt wie zuvor an Hunger. Auch Heinrichs Familie. Im Mühlviertel war die Situation besonders schlecht. In den ersten Monaten nach dem Einmarsch der alliierten Truppen hatten besonders hier die Menschen neben dem Hunger über Plünderungen, Vergewaltigungen, Morde, über Ausschreitungen sowjetischer Soldaten zu klagen. Für zehn Jahre nach dem Krieg blieb das Mühlviertel eine Problemzone. Vom Marshall Plan traf hier nie etwas ein. In der amerikanischen Besatzungszone war die Situation zweifellos günstiger, obwohl auch dort Ausschreitungen nicht ausblieben. Ober Österreich war das einzige Bundesland, das von zwei Siegermächten besetzt war. Nördlich der Donau die Russen, südlich die Amerikaner, die vor den Russen im Mühlviertel als Befreier eintrafen, von den ansässigen Nazis noch beschossen worden waren. Geblieben ist die russische Besatzung. Die Amerikaner zogen sich Ende Juli über die Donau zurück.

Im Mühlviertel, das von Wien aus verwaltet wurde, stieg die Sorge, an die Sowjet-Staaten angegliedert zu werden. Das wollte niemand. Johann Blöchl aus Lasberg, ein Bauer, war schon 1931 Landtagsabgeordneter gewesen, kurz darauf Nationalrat geworden. Zwischen 1938 und 1945 gab es für ihn, wie für viele andere Politiker, eine politische „Nazipause."

Mit Vertretern der mühlviertler Bevölkerung setzte er sich zusammen. Sie planten die Errichtung einer „Zivilverwaltung Mühlviertel", mit Blöchl an der Spitze und Dr. Franz Blum als Stellvertreter. Die Aufgabe war äußerst schwierig. Niemand beneidete ihn um diese zähen Verhandlungen. Auch Übergriffen der Sowjets musste er Stand halten. Es gelang ihm, das Mühlviertel für Ober Österreich zu retten. Johann Blöchl war für die Menschen zu einer Art mühlviertler Landeshauptmann geworden. 1955 wurde er Dr. Gleißners Landeshauptmann Stellvertreter. In Freistadt ist Johann Blöchl ein Museum gewidmet.

Die beiden Buben, die Brüder Franz und Heinrich, streunten, nachdem die Amerikaner angekommen waren, zufällig auf der Seite des Eder Hügels umher, von wo sie nach St. Johann hinunter sehen konnten und beobachteten, gedeckt von Waldrand und Büschen, was sich da unten im Ort abspielte. Es war der Befehl ergangen, alle Gewehre müssen abgeliefert werden. Männer kamen. Gewehre stapelten sich schon auf dem Boden, weitere kamen hinzu. Rohes Gehabe sahen die beiden Knaben, von lautem, derbem Geschrei verstärkt. Ein Panzer rollte heran, fuhr geradewegs über die aufgehäuften Waffen, im Kreis tanzend, ebnete er diese ein. Die erstaunten Buben machten kehrt, durch den Wald schlenderten sie zurück nach Hause. War es ein Wunder, dass sie versteckte Gewehre fanden? Jäger und mancher Privatmann besaßen wunderschöne Stücke, die oft schon länger in Familienbesitz waren. Die Hoffnung auf geregeltes Leben und erneut geregelte Jagd war nicht gestorben. In dichten Haselnussstauden lagerten mindestens zwanzig Gewehre und Munition. Heinrich und Franz nahmen jeder eines in die Hand, gingen ein Stück weg und besahen es genau. Ein Gewehr hatten sie noch nie in der Hand gehabt. Plötzlich knallte es heftig. Heinrich schrie: *„Jetzt hast du mich erschossen!“* Dem war aber nicht so, wie Heinrich gleich merkte. Sein Bruder hatte den Lauf in die Erde gesteckt, also lebte er noch. Weiter unten auf der Straße sahen sie Leute gehen. Sicher hatten diese den Schuss gehört. Die Buben warfen die Waffen auf den Boden und rannten davon, so schnell sie konnten. Am nächsten Tag hielten sie Nachschau. Unverändert lagen die Gewehre auf der Erde. Da niemand zu sehen war, hoben sie Gewehre und Munition auf und gingen heimwärts. In der Nähe des elterlichen Hauses stellte sich die Frage, was damit tun? In Haus, Stall oder auf dem Heuboden verstecken? *„Wenn die Gewehre bei uns gefunden werden, werden die Eltern verhaftet“,* wurde ihnen nach längerem Hin und Her bewusst. Auch die Mutter sollte keineswegs etwas von diesem Abenteuer erfahren. Also suchten sie im Wald, etwas weiter oberhalb ihres Zuhauses, ein Versteck. Sie schaufelten ein möglichst tiefes Loch, legten die Gewehre, die Munition und das ungute Gefühl hinein, das sich aber nicht so leicht begraben ließ. Nachdem die Stelle wieder eingeebnet war, verdeckten sie die frische Erde mit Moos, Laub und Ästen.

Kinder auf dem Land streunten gerne durch die Gegend, das war ganz normal, so ferne sie nicht zuhause helfen mussten, was meistens der Fall war. So lernten sie ihre Umgebung kennen, sammelten neue Erfahrungen in unbeaufsichtigter Freiheit. Frohe Kindertage, hätte nur der Magen nicht rumort.

„Was ist aus den Gewehren geworden?“, wurde Heinrich gefragt, als er nach Jahren die Geschichte erzählte. *„Weil wir befürchteten, die Sache werde aufkommen, erzählte mein Bruder Franz die Sache einer Mitschülerin, der mutigen Lüftner Frieda, die wie Franz, in Linz die Hauptschule besuchen durfte, wo es Englischunterricht gab“*, berichtete Heinrich.

Wenn wir eine Fremdsprache lernen, haben wir Freude daran, diese endlich einmal in einer „echten“ Situation auszuprobieren, allerdings nur dann, wenn uns nicht schon in der Schule die Freude daran genommen wurde. Jede grammatikalische Kleinigkeit bemängelt, jeder Fehler gezählt, jeder gesprochene Satz unterbrochen. Aus Angst sich zu blamieren, bleiben viele Lernende stumm. Dabei könnten sie sich doch ganz gut verständlich machen, wenn nur diese Perfektion sie nicht hinderte.

Die mutige Frieda freute sich über diese Gelegenheit, berichtete den amerikanischen Besatzungsmächten von versteckten Gewehren, ohne die Freunde zu erwähnen. Bald darauf kam ein Militär-Lastwagen mit zehn Soldaten vorgefahren. Der Vorgesetzte gab laute Befehle, ein paar bewaffnete Soldaten standen stramm, ein paar andere gruben die zwei Gewehre wieder aus. Aus einem Versteck beobachteten Heinrich und Franz diesen großen Aufmarsch, mussten darüber lachen, waren aber über das gute Ende dieser Unternehmung heilfroh. Die Gefahr war gebannt, alles hatte wieder seine militärische Ordnung. Frieda konnte neue Wörter an ihr Vokabular anhängen.

Ein noch kleiner Knirps war Heinrich gewesen, als er sich mit dem Hüterbuben des Nachbarhofes anfreundete. Beim Ederbauern, hoch auf dem Hügel, verrichtete dieser seine Arbeit. Die spitzbübische Art, die nicht immer zu aller Wohlgefallen ausfiel, zog Heinrich an. Einmal marschierte er mit ihm, zusammen mit dem Vieh, auf eine Wiese in der Nähe des Grumbihäusls, ein eher einsamer Platz. Außer dem kleinen Gebäude und ein paar Hühnern war da nichts. Die Kühe grasten, sie waren hungrig, trifteten daher auch nicht auseinander. Dem großen, und wahrscheinlich auch dem kleinen Buben, wurde langweilig. Den pickenden Hühnern schauten sie zu. *„Wir könnten eine fangen und braten“*, kam es dem Größeren in den Sinn. *„Das dürfen wir doch nicht, sie gehören dem Grumbi“*, so Heinrich. Von Zuhause wusste er, wie wichtig die Kratzerinnen und Gackerinnen waren. Sie legen die Eier, die er oft suchen ging. Nur die alten, denen die Eier ausgegangen waren, wurden geköpft und eine Suppe gekocht. *„Ach was“*, sagte der Hüterbub. Schon fing er an, die Hühner umher zu stauben. Diese gackerten vor Angst, rannten, reckten die Flügel, was aber nicht wirklich viel half, das Dach war zu hoch, außer diesem war da nichts, was Rettung versprach. Flink isolierte der Hühnerjäger eine davon, trieb sie in einen Winkel, packte das verdatterte Hendl, murkste es herzlos ab, schmiss es auf den Boden. Es dauerte eine Weile, bis sich die verschreckten Hühner wieder an die Futtersuche machten. Auch Heinrich war aus dem Gleichgewicht geraten, stand da, ein ängstliches Gefühl lähmte ihn. *„Fass an“*, befahl der Hüterbub, der sich bereits gesetzt hatte und Federn aus dem Hühnerleib riss. So zupfte auch Heinrich daran. Ohne Abbrühen mit heißem Wasser eine mühselige Arbeit. So ganz genau nahmen sie es dann nicht. *„Über dem Feuer wird der Federn-Rest schon verbrennen.“* Ein Taschenfeitl fand sich in jedem Hosensack eines Heranwachsenden. Das Huhn wurde ausgenommen, zerlegt, auf passende, zugespitzte Äste gespießt. Der angrenzende Wald bot genügend dürres Zeug für ein Feuer, ein Feuerzeug neben dem Feitl im ausgeleierten Bekleidungsstück war Ehrensache. *„Wie hat es denn geschmeckt?“ „Wie bei den Steinzeitmenschen, den Tierbeutern, ohne jedes Salz, vollständig Bio!“* Und alles hätten sie eh nicht gegessen, erzählte der schmunzelnde Heinrich.

Auf seinen Handelswegen führte Heinrichs Großvater immer einen geladenen Trommel-Revolver mit sich. Oft dauerten die Tage länger, beim Handeln wird viel geredet, Neuigkeiten werden ausgetauscht, das Vertrauen des Käufers erworben. Oft war es auf dem Heimweg schon finster, er hatte Bargeld bei sich. Die Gefahr ausgeraubt zu werden, war immer vorhanden. In den Wäldern, durch die er zog, konnte es gefährlich werden. Schon ein Warnschuss war hilfreich. Auch redete er immer wieder laut mit sich selber um vorzutäuschen, er sei nicht allein.

Es ging eine verbrecherische Geschichte um. Ein Mann hatte in Waxenberg eingekauft. Zwei weitere Kunden, Brüder, warteten darauf, bedient zu werden. Als der Mann zahlte, beobachteten sie einiges Geld in seiner Geldtasche. Auf dem Nachhause-Weg holten die Brüder den Mann ein. Dieser dürfte keinen Verdacht geschöpft haben, kannte doch jeder jeden. Die Brüder schlugen auf den Mann ein, beraubten ihn. Als sie dachten, nun sei er tot, schleppten sie ihn in den Wald, häuften Reisig auf ihn und gingen ihrer Wege. Zeugen gab es keine. Der verletzte Mann kam nach längerer Zeit wieder zu sich, schleppte sich nachhause und meldete die beiden Räuber der Polizei, die ihre gerechte Strafe einheimsten. Nachdem sie diese abgesessen hatten, verschwanden sie aus der Gegend und wurden nie wieder gesehen. Auch der Vater der beiden zog in eine andere Region.

Als der Großvater 1942 starb, nahm Heinrichs Mutter den Revolver an sich. Jede Nacht lag er geladen in griffbereiter Nähe. Als kleiner Bub sah Heinrich sie bei Schießübungen im Garten. Es war ihr fester Vorsatz, sich und die kleinen Kinder vor Übergriffen zu schützen. *„Zum Glück ist nichts passiert“,* sagt Heinrich und ist heute noch froh darüber. Als am Ende des Krieges in allen Häusern die Nachricht verbreitet wurde, vorhandene Waffen müssen sofort am Gemeindeamt abgegeben werden, es werde Hausdurchsuchungen geben, vergrub die Mutter den Revolver und grub ihn nie wieder aus.

Manches Mal hatte der Großvater eine besonders große Warenladung auf seinem zweirädrigen Ziehwagen gehabt. Dann musste die heranwachsende Tochter, Heinrichs Mutter, helfen. Zu dritt zogen sie an dem Gefährt. Vater, Tochter und der Hund. Fröhliche Fahrten. Der Großvater war bestimmt nicht langweilig und Johanna gefiel es auch, ein wenig herum zu kommen. Waren die Geschäfte besonders gut gelaufen, konnte es vorkommen, dass der Großvater drei Bier trank, statt zwei. Einmal, Tochter Johanna war mit ihm unterwegs, hatte er gleich einige zu viel getrunken in dem Gasthaus, wo er den Wirt und die Kumpanen kannte. Als er endlich bereit war, sich auf den Heimweg zu machen, torkelte er gewaltig. Wie sollte er in diesem Zustand den weiten Weg von Heuraffel, wo er gute Geschäfte getätigt hatte, nach St. Johann schaffen? Bleiben wollte er keinesfalls, schließlich hatte er Geld in der Tasche. Die Kumpel, zusammen mit dem Wirt, hatten eine schlaue Idee. Seitlich, damit die Füße nicht hinunter hingen, legten sie ihn auf den Karren und banden ihn fest. Für Johanna und den Hund eine zusätzliche Ladung. Bergauf und bergab führte der Weg. Vom letzten Tal nur noch bergauf zum Schauflerhäusl. Rastpausen waren nötig. Nach Hause bringen wollte Johanna ihren geliebten Vater auf jeden Fall. Johanna, die durch Nacht, Nebel, Regen, Schnee, Wind, Glück und Unglück immer tapfer ging.

Heinrich wurde 1946 gefirmt. Eine Festigung im Glauben sollte ihm zuteil werden. Da der Vater durch seine Geschäfte viele Leute kannte, fand er auch den für Heinrich passenden Firmpaten. Herr Josef Schaubmeier, Verwalter von Schloss Mühldorf in Feldkirchen an der Donau, sagte zu. Leute, die ihn von früher kannten, nannten ihn Fenzl, nach dem Hausnamen seines Elternhauses in Vorderweißenbach. Der Fenzl Pepi würde also der Firmgöd sein. Heinrich kannte ihn bereits. Während einiger Sommerferien war der kleine Bub dort gewesen um täglich in dem riesigen Obstgarten Fallobst aufzulesen. Gar so gut gefiel ihm das nicht. Der Garten war groß, die Arbeit nahm kein Ende. Im runden Steingrander, trat er das frisch geschnittene Kraut. Das mochte er mehr. Leider dauerte das nicht lange. Schaumiger Saft quoll zwischen seinen Zehen und machte ein blubberndes Geräusch. Am nächsten Morgen warteten wieder die auf der Wiese gelandeten Früchte. Manchmal gab es auch Spaß, wenn sich mehrere Leute an dieser andauernden Kopf-zu-Boden-Arbeit beteiligten.

Am Tag vor der Firmung schlüpfte Heinrich zuhause in den Firmanzug, den schon sein Bruder Franz vor ihm getragen hatte, vor diesem andere Firmlinge, und der auch noch auf seinen jüngeren Bruder, Adolf, übergehen würde. Mit Pferd und Wagen fuhren die beiden zum Schloss Mühldorf, wo sie mit einem guten Abendessen bewirtet wurden und übernachteten. Am nächsten Tag spannte der Pferdeknecht zwei Schimmel, – nicht etwa vor einen gewöhnlichen Wagen, nein –, vor eine richtige Kutsche, eine sehr schöne sechssitzige Kutsche, und ein richtiger Kutscher setzte sich auf den Bock und lenkte das Gefährt. Dem Buben Heinrich erschien diese vornehme Fahrt, mit Vater und Paten, bis zum Neuen Dom in Linz, wie ein Traum. Nie zuvor und auch nicht danach hatte er eine so adelige Reise erlebt. Bischof Fließer, ein Mühlviertler, geboren 1896 in Perg, erteilte die Firmung. In Schloss Mühldorf wartete schon ein sehr gutes Mittagessen, bereitet von der Schlossköchin. Der Pate hätte dem Heinrich gerne eine Uhr geschenkt, doch zu kaufen gab es wenig, auch keine Uhr. Eine große Torte und zweihundert Schillinge ließen das Herz des Firmlings höher schlagen. Das

Geld verwahrte er zuhause an einem sicheren Platz. Dass der Platz nicht ganz so sicher war, sollte sich noch erweisen.

Der Fenzl Peppi war ein guter, kluger Mensch gewesen, erkannte rasch die Irrwege des Naziregimes, hatte seinen Mund nicht halten können und dafür in Mauthausen Steine geschleppt. Das Konzentrationslager überlebte er, fand aber nicht mehr zu körperlicher und seelischer Gesundheit zurück. In Schloss Mühldorf konnte er noch einige Jahre die Jagd betreuen. Schloss Mühldorf gehörte zu jener Zeit zum Stift Wilhering. Später wurde es von Familie Würmer erworben, die es mit vielen Ideen und Eigenarbeit zu einem Seminarzentrum, für Feste und Hochzeiten, gestaltet hat. Die erste urkundliche Erwähnung findet sich 1347 mit Niklas dem Mühlendorfer. Zu jener Zeit war Schloss Mühldorf eine stark befestigte Wasserburg.

Kurz nach dem Krieg fuhren aus dem Mühlviertel viele grenznahe Bauern und Häusler nach Tschechien um zu heuen. So auch der neunjährige Heinrich mit seinem Vater, der sich zu dieser Zeit noch halbwegs um die Familie kümmerte. Er hatte bereits ein Pferd, das er für seine Handelsgeschäfte nutzte. Kaufen hätte er Pferd und Wagen nicht können. Auf dem Nachhauseweg vom beendeten Krieg war er über Tschechien gekommen, hatte eines der frei herumlaufenden Pferde, dazu einen Wagen, mitgebracht. Zurückgelassenes aus dem Krieg, um das sich keiner mehr kümmerte, alle Soldaten wollten schnell nach Hause. Ein zweites Pferd war zuvor auch aus Tschechien gekommen. Zwei Deserteure, die im Schauflerhäusl um Unterschlupf baten, hatten es mitgebracht, nach ihrem Weggang dort gelassen. Mehrere Wochen verbrachten die Beiden auf dem Heuboden. Die Rote Armee hatte Ende März 1945 österreichischen Boden betreten. Viele Soldaten wollten nicht jetzt noch den sinnlosesten aller sinnlosen Tode sterben und versuchten sich in Sicherheit zu bringen. Als bekannt wurde, der Krieg sei zu Ende, halfen sie der Häuslerin bei der Mahd, die ihnen von der mageren Kost, von der die Familie selbst zu wenig besaß, etwas ins Versteck gebracht hatte. Danach wollten die beiden von der russischen in die amerikanische Zone gelangen, kamen bis Landshaag, wurden bei der Überquerung der Donau festgenommen, die die Grenze zwischen den beiden Besatzungsmächten bildete. Weiter hatte Heinrichs Familie nichts mehr von ihnen gehört, aber noch öfter darüber gesprochen, was wohl ihr weiteres Schicksal gewesen sein mochte. Deserteure wurden nach dem Krieg von Nazis noch verfolgt und vor allem verachtet. Eines der beiden Pferde verkaufte der Vater an einen Bauern.

War also das Wetter schön und schien ein paar Tage zu halten, spannte der Vater frühmorgens das Pferd vor den Heuwagen, zwei weitere Pferde mit Wagen kamen vom Waldhof aus Helfenberg dazu, mit je einem Helfer, die Heinrichs Vater gegen Bezahlung unterstützten. Über Guglwald, eine Strecke von ungefähr acht bis neun Kilometern, fuhr die Gruppe zu den besitzerlosen Wiesen. Mit diesem zusätzlichen Heu konnte so manche Kuh im Winter durchgefüttert werden, was mehr Milch, Butter und Topfenkäse bedeutete. Von den zwei Kühen des Schauflerhäusls stand sowieso immer eine trocken und von den zwei Schweinen, die gefüttert werden konnten, wurde eines immer schon geschlachtet, sobald es etwas Fleisch angesetzt hatte, um wieder Essen zu haben. Die Eigentümer der Wiesen, die Deutschböhmen nördlich von Oberösterreich, waren nach 1945 enteignet und vertrieben worden, auch alle Sudetendeutschen aus dem Sudetenland. Sudetendeutsche wurde zum Sammelnamen, obwohl viele gar nicht im Sudetenland gelebt hatten und sich lieber nach ihrer Heimat, Deutschböhmen oder Deutschmähren, bezeichneten. Genächtigt hatten Heinrich, sein Vater und die Helfer in einem Bauernhaus auf der österreichischen Seite der Grenze. Heinrichs Aufgabe bestand hauptsächlich darin, über die Grenze hin und her zu laufen, das mehrmals am Tag. Das mitgebrachte Essen, das der Vater bei verschiedenen Bauern besorgt hatte, auch Most, wurde bei dem selben Bauern, welcher sie beherbergte, gelagert. Beides musste Heinrich für die Essenszeiten holen, dazwischen immer wieder Wasser und Most, die heißen Sommertage verlangten danach. Von den Wiesen zum Bauern und zurück, lief er eine halbe Stunde, mühsam für das Kind in der prallen Sonne. Den Weg säumten ein paar verlassene Häuser. Und weil Heinrichs Erfolge außer auf gutem Umgang,

Information, Nachdenken, Mut, fleißiger Arbeit, besonders auch auf Interesse an allem, was ihn umgab, begründet waren, war er auch hier neugierig auf die unbewohnten Gebäude, die Trauriges und Gespenstisches an sich hatten. *„Wie mag es da drinnen aussehen? Wie bei uns? Anders? Wie viele Stuben gibt es da? Ist noch etwas drinnen?"* Er schaute um sich, ob jemand ihn sehe, setzte mutig einen Fuß auf die Türschwelle, den Mostkrug in der Hand. Staub, der bei jedem Schritt aufwirbelte, Spinnweben an Türen, an Wänden, an den von Staub und Schmutz blinden Fenstern, durch die mattes Licht auf Bodenbretter fiel. Einige davon waren eingetreten. Ein niedriger, beschädigter Kasten stand an der Wand. Als er rasch die gruseligen Räume wieder verließ, sprangen zwei Soldaten herbei und schrieen ihn lauthals an. Nicht ein Wort verstand er, aber so viel, dass die beiden ihn verdächtigten, den Krug aus dem Haus genommen zu haben, welchen sie ihm aus der Hand rissen. Der gerade einmal neunjährige Bub, der natürlich kein Tschechisch sprach, beteuerte mit Reden, Händen und Füßen, er habe den Krug nicht gestohlen, er müsse Most für seinen Vater beim Bauern hinter der Grenze in Österreich holen. „Most" könnte das Zauberwort gewesen sein. Namen von Getränken sind auch dort nicht unbekannt. Zum Glück waren noch ein paar Tropfen davon drinnen, danach roch das Gefäß ja auch. Somit konnte Heinrich, – *„Gott sei Dank"*, wie er erzählt –, beweisen, er hatte ihn nicht gestohlen, denn Most war in den gespenstischen Stuben sicher nicht vorhanden, wenn schon ein Krug, dann ein ausgetrockneter, mit Staub bedeckter. Sie gaben ihm das Gefäß zurück und er war herzlich froh nach diesem Schreck weiterlaufen zu können.

Hatte das Wetter gehalten, konnten sich Heinrich und sein Vater mit großen Heufuhren auf den weiten, beschwerlichen Rückweg machen. In Hinterweißenbach, beim Bräugasthof Königseder, wurde eine Rastpause für die Pferde eingelegt. Auch die Heuarbeiter waren müde, durstig und hungrig. Es gab Bier und die Reste der mitgebrachten Jause. Der Vater bestellte auch für Heinrich ein Glas Bier, der sich dadurch mächtig erwachsen fühlte. Ob es ihm schmeckte, oder doch nicht: Es war sein erstes Bier.

Vor dem Krieg war das Hin und Her ein ganz normaler Zustand. Kaum jemand kümmerte sich darum und auch danach war die Grenze noch durchlässig, bis das kommunistische Regime 1950 Grenzzonen errichtete, die man nur mit Genehmigung betreten durfte. Viele Verkehrswege wurden verbarrikadiert, Grenzübertrittstellen geschlossen. Die verlassenen Gebäude wurden gesprengt oder abgerissen, Jahrhunderte alte Siedlungen wurden dem Erdboden gleichgemacht. Ein Vertriebener stand in einem Sommer nach 1989, als er nach dem Fall der Mauer die verlassene Heimat wieder besuchen konnte, lange vor den Mauerresten der Gebäude, die seine Kindheit und Jugend gesehen hatten. Er entdeckte die Ribiselsträucher, die unentwegt ihre Früchte trugen, da, wo sie von den Eltern gepflanzt worden waren. Alles, was übrig geblieben war von Haus und Hof, und doch so viel. Etwas war wie damals. Lebendiges regte sich in der verlorenen Heimat.

Langsam gewöhnte man sich an den Eisernen Vorhang. Die von den Österreichern noch bewirtschafteten Wiesen verödeten, versehen mit Minen und Wachtürmen. Auf diese Weise hatte das ehemals wohlhabende Land sich eingesperrt und ausgearmt. Der Name „Eiserner Vorhang" stammt ursprünglich aus dem Theaterbau, dort dient er als Feuerschutz, hier als, ja als was eigentlich? Von Dienen und Schutz kann keine Rede sein.

Er brauche einen Hüterbuben, erzählte der junge Beslbauer, als er eines Tages zum Schauflerhäusl auf Besuch kam, und fragte nach Heinrich. Der alte Beslbauer war für alle sechs Grünzweil-Geschwister der Taufpate. Einmal im Jahr, es war vor Allerheiligen, gab es ein Geschenk von den Gödenleuten. Einen ansehnlichen Laib Brot und Nüsse vom hauseigenen Baum, der besonders große Früchte trug. Alle freuten sich darauf. Genug Essen auf den Tisch zu bringen war für die Mutter 1948 noch immer ein Problem. Dieses sollte noch andauern und für sie entwickelte sich die Sache später noch tragischer. Um den Tisch saßen die Geschwister Franz, Maria, Heinrich und Adolf, zusammen mit der Mutter, schnitten Keile vom Brot, knackten Nüsse, schnabulierten wie eifrige Hamster.

Gern gebe er den Buben nicht her, meinte der Vater auf die Frage des Bauern, Heinrich bringe viel Heizmaterial nach Hause. So blieb Heinrich weiterhin Mutters Stütze.

Im Schauflerhäusl war also der Hunger nach wie vor zuhause. Es fehlte auch an Brennholz, warmer Kleidung und Schuhen. Nur im Tauschhandel war etwas erhältlich. Dazu kamen Familienprobleme. Der Vater war nach dem Kriegsende zwar zuhause, kümmerte sich aber wenig um Frau und Kinder, was er vor dem Krieg einigermaßen getan hatte.

Die Familie erlebte weitere Enttäuschungen vom Vater, dessen politische Anschauung durch den Namen seines jüngsten Sohnes leicht zu erraten ist. Urteilen können wir nicht, uns blieben die damaligen Umstände und die Entscheidung erspart. Wir können heute informiert darauf zurück blicken, wie von oben, und nicht, ohne Hintergrundwissen, aus einer rasenden, schreienden, Arm und Hand reckenden Menge von unten hinauf.

So hatte der Vater nicht nur einmal gesagt, seine schönsten Lebensjahre seien die Kriegsjahre gewesen. Das traf die Familie jedes Mal tief. *„Zuhause hatten und haben wir Not und er schwärmt von Kriegsjahren als Gefangenenaufseher.“* So fühlte sich das für Heinrich an und besonders für seine Mutter, die hoffte, alles würde jetzt, wo der Vater wieder zuhause war, leichter werden. Heinrich war neun Jahre alt, als der Krieg zu Ende war und der Vater zurück kam. Diese Worte konnte er bis ins hohe Alter nicht vergessen. Den Vater fragen, was denn so schön gewesen sei, während sie zuhause Hunger hatten und es auch sonst an allen Ecken und Enden fehlte, das verstand der Bub noch nicht und die Mutter hätte wohl auch keine aufklärende Antwort erhalten. Sie schwieg lieber. Schweigen hatte sie sich angewöhnt, das machte vieles einfacher. So blieben später Vermutungen: Genug zu essen, die Macht, die ein Aufseher hatte, Frauen, Kartenspiel. Keine mühselige Landarbeit, kein harter Broterwerb, kein täglicher Überlebenskampf. Als sehr junger Mann war er auch in den Ersten Weltkrieg eingezogen worden. Darüber weiß die Familie nichts. Hat es ihm die Sprache verschlagen? Hat er nie etwas erzählt? Hat niemand ihn gefragt? Hat ihm niemand zugehört? Wie haben die kriegerischen Erlebnisse den damals kaum Erwachsenen geprägt? Was war in ihm, das er nicht los werden konnte?

„Wie wird ein Mensch, wie er ist?", fragt Heinrich sich. Er weiß so gut wie nichts über Kindheit und Jugend seines Vaters. Nichts über dessen damalige Bedürfnisse, die sicher oftmals, oder fast immer, unerfüllt blieben. Nichts von seinen Wünschen, Träumen, Enttäuschungen. Nichts von dessen Vater. Menschen verschließen sich, wenn das Leben hart ist. Selbst eng Zusammenlebende erfahren oft wenig voneinander. Wie immer, die Armut zuhause und im gleichen Zeitraum die schönsten Jahren des Vaters, das ist in Heinrichs Gehirn eingemeißelt.

Neben dem Elternhaus brachte ein Zwetschgenbaum die Kinder in Versuchung. Wer saß da im Geäst? Heinrich! Die um dreizehn Jahre ältere Schwester Wilhelmine, die für die Geburt ihres ersten Kindes nach Hause gekommen war, befahl dem zwölfjährigen Bruder sofort herunter zu kommen. Die Zwetschgen seien noch nicht reif. Man dürfe sie nicht verschwenden. Heinrich, dem auch ein paar unreife gelegen kamen, reagierte nicht. Nach einiger Zeit erschien die Schwester erneut: *„Ich hau dir ein paar hinein, sobald ich dich erwische!"*, lautete die Drohung. Wahrscheinlich würde auch die Mutter ihn ausschimpfen. Heinrich hielt Ausschau nach einer günstigen Gelegenheit, sprang vom Baum und lief so schnell er konnte über die Wiesen davon. Außer Sicht setzte er sich ins Gras und überlegte, was zu tun sei. Gehaut wollte er nicht werden und der Magen knurrte. Nach geraumer Zeit erhob er sich und ging weiter in die Richtung des Bauern, der nach ihm gefragt hatte. Den steilen Hügel hinunter zum Bach in das enge, bezaubernde Tälchen, das er in diesem Zustand aber nicht wahrnahm, auf der anderen Seite den abschüssigen Hang hinauf. Vor der Haustüre zögerte er ein wenig, bevor er sie öffnete und weiter in die Stube trat. Die Bäuerin war zuhause. *„Da bin ich und ich bleibe da."*

„Ach so", meinte die überraschte Bäuerin und ging mit ihm zu der Wiese, wo gerade das Heu eingefahren wurde. *„Weise die Ochsen"*, sagte der Bauer, sonst nichts. Das war also Heinrichs erster Tag als Hüterbub.

Ein solcher zu sein ist beileibe keine urgemütliche Sache, wie Heinrich bald erfuhr. Es gab keine Zäune, das Vieh des Nachbarn weidete nebenan. So hieß es Laufen, die steilen Mühlviertler Hügel hinauf und hinunter. Das Vieh durfte nicht durcheinander geraten und sollte die eigene Wiese beweiden. Kaum setzte er sich verschnaufend, forderte ihn schon wieder eine Kuh, die es nach des Nachbars Gras gelüstete.

War genug Weidegras auf der Wiese vorhanden, konnte Heinrich sich auch etwas ausruhen. Besonders gerne erinnert er sich an die Tiefwiese. Dort gab es an einer Stelle große Steine, die aus der Erde ragten, freigelegt von Regen und Wind. Unmittelbar daneben standen ungleichmäßig hohe Laubbäume. In den Stamm des größten Baumes schnitzte Heinrich mit seinem Taschenmesser die Initialen seines Namens, also H und G, dazu 27. 8. 1948, das Datum, an dem er seine erste Arbeit begann. *„Diese Inschrift hat sehr lange gehalten"*, berichtet Heinrich, *„und ich bin auch später, als ich schon lange nicht mehr beim Besl war, hingegangen, habe sie gelesen und betrachtet. Aber wie es eben in der Natur draußen zugeht, wurde der Baum eines Tages gefällt. Würde er noch dastehen, ginge ich heute als alter Mann noch ab und zu gerne zu diesem Platz, zu dieser schönen Erinnerung."*

Wenn heute ein Kind zärtlich von der Mutter geweckt wird, ein wenig ermahnt für Waschen und Zähneputzen, nach dem Frühstück mit einer Jause versehen zur Schule geht, so trieb zu dieser Zeit Heinrich die Kühe, die er früh morgens auf die Weide gebracht hatte, schon wieder zurück in den Stall und eilte danach zur Schule. Am Nachmittag sahen Tiere und Weide ihn wieder. Für die Schule gelernt hat er nie. Seine Noten waren die Dreier, sagt er. Sechs Jahre besuchte er die Schule. Danach waren Kinder, die auf Bauernhöfen arbeiteten, freigestellt.

Ein Hüterbub kümmerte sich aber nicht nur um das Vieh. Da war auch für ihn eine Sense und zwischen den Männern musste der Schritt gehalten werden. Öfter fürchtete der noch kindliche Heinrich um seine Fersen. Dann half ihm einer der Mäher, den Abstand an den Vordermann zu verringern. Seine Sense war nicht die beste, die schlechteste blieb nun einmal für ihn hängen, die guten waren schon in den Händen der Knechte und Taglöhner. Das Schleifen mit dem Wetzstein will auch gelernt sein. Der Mäher stellt die Sense dazu auf den hölzernen Stiel, hält sie mit einer Hand am oberen Ende des stählernen Sensenblattes, holt den Wetzstein aus dem mit Wasser gefüllten Kumpf, der an einem Gürtel um den Leib hängt, und schärft die Schneide, mit festem Druck, nach: Vorne, hinten, weiter, weiter, schneller, schneller. Zuhause wurde die Sense über dem Dengelambos mit dem Dengelhammer bearbeitet, Kerbungen entfernt, eine dünne scharfe Schneide durch Hämmern ausgetrieben. Eine Arbeit, die sitzend verrichtet werden konnte. Heinrich lernte rasch, er war von guter Auffassungsgabe.

Weiter sollten die Ochsen sich bei der Heueinfuhr bewegen. Ochsen können stur sein. Schon das Anlegen des Ochsenjoches lieben sie nicht gerade. Heinrich, der gute Bub, wurde eine Art „Ochsenflüsterer" und hatte Erfolg damit. Mit Tätscheln und Loben, wie brav sie doch seien, fädelte er jedem der Tiere eine Schlaufe des Joches über je ein Horn, die Jochriemen gaben dem Ganzen festen Halt. *„Zwoa unglei long Joream"* wiederholt fehlerfrei zu sagen, war ein Wettspiel für Jung und Alt.

Es gab Arbeit auf Wiesen, Äckern, im Stall, auf dem Hof und im Wald, gelegentlich auch im Haus. Eigentlich gab es nichts als Arbeit. Heinrich arbeitete gerne. Sein ganzes Leben lang arbeitete er gerne. Und gerne erinnert er sich, jetzt im hohen Alter, noch an die Zeit als Hüterbub. Ein paar Mal im Jahr besucht er die Nachkommen des Beslbauern. Von ihm erfahren sie, wie früher das Leben auf ihrem Hof vor sich ging. Für ihn ist dort bis heute ein vertrauter Platz, eine zweite Heimat.

Sonntags, die Bauernleute gingen selbstverständlich zur Kirche, übertrugen sie dem Buben die Aufgabe, auf die kleinen Kinder aufzupassen. Dazu musste er das Vieh schon um vier Uhr morgens auf die Weide treiben und rechtzeitig wieder zurück in den Stall, damit die Messebesucher nicht zu spät in der Kirche von St. Johann ankamen.

Die Sonntagsmesse versäumen bedeutete eine Todsünde, was hieß, ohne Beichte vor dem Sterben in der Hölle zu landen, wie überhaupt viel Natürliches zur Todsünde erklärt wurde. Der Himmel war kaum zu erreichen angesichts der vielen

Gebote, die recht schwer einzuhalten waren. Dazu kamen noch die gedanklichen Sünden, derer man sich nicht so leicht erwehren konnte. Die Vergebung im Beichtstuhl sicherte wenigstens das Fegefeuer. Die Hinterbliebenen konnten mit bezahlten Messen den Weg zum Himmel noch einigermaßen ebnen und beschleunigen. Geld regiert also nicht nur die Welt. Auch für den bezahlten Himmel half (und hilft?) ein hinterlassenes, in der Verwendung festgelegtes, Sparbuch. Jemand erzählte einmal, es sei ein Andersgläubiger, oder Ungläubiger, in die Hölle gekommen. Er wurde empfangen, in sein Zimmer geführt, ihm das Restaurant für das Abendessen gezeigt. Am Tische sitzend wurde er bedient mit guten Speisen. Während er aß, entdeckte er ein Fenster, hinter dem Seelen in Feuerqualen zu sehen waren und zusätzlich gemartert wurden. Voll von Entsetzen rief er den Kellner und fragte ihn, ob auch er dort hin komme. *„Nein“*, antwortete der Kellner, *„die Katholiken, die wollen das so.“*

Auf dem Rückweg besorgte das Ehepaar beim Gastwirt und Bäcker Neundlinger, der gleich neben der Kirche zu finden war, eine Semmel für Heinrich als Belohnung. Eine Semmel war eine Delikatesse für den jungen Heinrich, und nicht nur für ihn. Weißbrot gab es das ganze Jahr hindurch nicht, außer eben für den Hüterbuben, der auch noch die Kinder hütete. Er freute sich, beroch die Semmel, hob sie noch ein wenig auf, bevor er hinein biss, lutschte und kaute möglichst lange daran, um den Geschmack richtig auszukosten. Eine Semmel als Zeichen von Wertschätzung und Verbundenheit, als Zeichen von Zuneigung. Harte Arbeit ums Überleben verschloss viele Seelen, die Nachwirkungen der Kriege, auch noch der Bauernkriege, basierten eher auf Misstrauen, denn auf Offenheit, Sachlichkeit, oder gar Zärtlichkeit.

Die Bäuerin buk Krapfen, wenn das Getreide gedroschen wurde, was, trotz Dreschmaschine, eine recht staubige Angelegenheit war. Für Roggen, von dem die Halme für's Dachdecken gebraucht wurden, ließ der Bauer das Feld ein Jahr brach liegen, ackerte es aber drei Mal um, fuhr danach mit der Egge darüber, um dem Unkraut Herr zu werden und starke Halme zu bekommen. Diese wurden von einer Runde Männer, mit

Dreschflegeln, händisch gedroschen. Ein Dreschflegel besteht aus einer langen Stange, an deren Ende ein beweglicher Knüppel befestigt ist. Haus und Stall waren mit Stroh gedeckt und jedes Jahr wurde ein Teil erneuert.

Heinrichs Schlafkammer, ein Bett mit Strohsack, Polster und Tuchent, und einem Stuhl, war dunkel mit einem glaslosen Fenster zum Rübenkeller. Es roch nach Erde, Rüben, fauliger Feuchtigkeit. Mäuse tummelten sich bei der Nahrungssuche, von Katzen in Zaum gehalten. Öfter huschten von dort auch Ratten in diesen Raum, über Stuhl und Bett und schreckten ihn aus dem Schlaf. Müde, wie er war, zog er die Tuchent aus stechenden Hühnerfedern über den Kopf und besonders die Ohren, um die er fürchtete, ließ gerade die Nase frei und schlief wieder weiter. Er war eben nicht der Herr der Ratten, so nahm er die Störung als gegeben hin. Der Morgen kam täglich zu früh, er kam im noch tiefen Schlaf.

Eine Waschgelegenheit war im Hof zu finden. Als Abort diente ein großer Holzzuber, darüber ein Brett. Von Zeit zu Zeit trugen zwei Männer ihn aus. Für viele die damals übliche Toilette. Auch in Heinrichs Elternhaus war es nicht anders. Die Frauen auf dem Beslhof wuschen sich samstags im Durchgang zum Stall, in der Hoffnung dort nicht gestört zu werden. Heinrich geriet einmal unabsichtlich in diesen gerade besetzten Gang. Oder war doch Absicht dabei? Der erste Blick auf eine unbekleidete Frau.

Gar nicht so selten fand sich eine Ratte im Klo-Bottich. Sie war dem Duft auf der Suche nach Fressbarem gefolgt und gierig hinein gesprungen. Da erst merkte sie den Fehler. Kein fester Boden unter den Füßen, keine schwimmbare Flüssigkeit. Alles Gezappel umsonst. Kam jemand und setzte sich auf das Brett, begann sie hoffnungsvoll mit ihrer Sisyphusarbeit von neuem, bespritzte nicht selten den Po der notdürftigen Person. War der Inhalt hoch angewachsen, konnte das verzweifelte Vieh sogar mit dem Gesäß der sich erleichternden Person in Berührung kommen, die sich aus Schreck sofort in eine höhere, vorgebeugte Position begab. Keine wohltuende, erholsame Verschnaufpause. Wieder in die Freiheit schaffte es das geplagte Wesen kaum.

Natürlich dachte auch niemand daran, das Tier zu retten. Das Mitleid hielt sich in Grenzen. Ratten waren eben unbeliebt und sind es bis heute, wie auch mancher Mensch unschuldig nicht zu den Beliebten gehört, wegen gegebener, nicht überwindbarer Eigenschaften. Nicht jeder kann der Kleine Prinz sein, nur wenige finden Mut anders zu sein, so wie die Möwe Jonathan es schaffte das Fliegen als Abenteuer zu genießen, hinaus über die Möglichkeit sich Nahrung zu beschaffen und damit zum Vorbild und Lehrmeister für andere Möwen wurde: *„Seht, das Leben ist Freude!"* Heinrich war schon als Kleiner auf dem Weg, Missliches zu akzeptieren, Frust auszuhalten, zu überwinden, Lösungen zu suchen. Denken und Arbeiten wurden sein Abenteuer, sein Genuss, sein Erfolg, sein Anderssein.

Die Schule war nun noch mehr Nebensache. Für alle diese Tätigkeiten war sie auch von wenig Nutzen. Später hätte Heinrich gerne eine gute Rechtschreibung gehabt. Aber wie herzaubern? Geschadet hat der Mangel ihm aber nicht, er drückte sich gut aus. Ob Groß oder Klein, langes I oder nicht, das H, das man eh kaum hört, sowie doppelte Buchstaben, wo einer auch den Sachverhalt klärt, diese Spitzfindigkeiten taten dem Verständnis keinen Abbruch. Und da wäre ja auch noch die Frage nach der damaligen Orthographie der Leser. Jedenfalls wurde der erfolgreiche Heinrich hoch geschätzt.

Aber noch war es nicht so weit. Vier Jahre verbrachte Heinrich auf dem Hof seines Paten. An Wochenenden, wenn er ein paar Stunden frei hatte, lief er nach Hause zu seiner Mutter, querte wieder das Tälchen, schnaufte über den Berghang, schon näherte er sich dem Platz, an dem er die Entscheidung gefällt hatte. Querfeldein, bald war das Elternhaus in Sicht.

Während dieser Zeit beim Bauern wurde Heinrich sogar zum einmaligen Wilderer. Gegen Ende des Winters fand sich ein Reh im Gemüsegarten des Bauern. Hatte er nicht von Leuten gehört, die ein Reh mit Schlingen auf deren Wechsel einfingen und erwürgten, ein Schuss hätte die Tat verraten, damit sie auch einmal an Fleisch kamen? Er schloss das Gartentor und machte sich daran, an das Reh zu kommen. Eine gewaltige Herausforderung.

Ein Reh läuft schneller als ein Mensch, der Jugend aber scheint alles möglich. Und so geschah es dann auch. Endlich bekam er den Bock am Krickerl zu fassen, das aber nur, weil das Reh in seiner Verzweiflung immer wieder heftig mit dem Haupt gegen die unüberwindliche Umzäunung des Gartens stieß, schon ermüdete. Er zwang es auf die Erde, kniete sich darauf, drehte ihm den Hals um, erwürgte es. Die Bäuerin freute sich. Ein Bauer muss das Jungvieh verkaufen, um an Geld zu kommen, so war Fleisch selbst dort knapp. An Heinrich zeigten sich blutige Schrammen, Kratzer und blaue Flecken. Was er sich gedacht hatte? Nicht, was wir heute denken würden. Die Umstände waren andere und Heinrich war beileibe kein grober Junge, sein Wille aber nicht zu brechen.

Nach dem Ereignis mit dem Reh, fiel Heinrich die Schläue seines Großvaters ein. In jenen hungrigen Jahren der Kriegszeit, welche auch danach noch andauerten, gab es eben Wilderer. Solche hatten gleich zwei Rehe erlegt, konnten sie aber nicht abtransportieren, die Gendarmerie war gerade auf Streife. So versteckten sie die Beute unter einem großen Reisighaufen, schlichen aus dem Wald und gingen nach Hause. Später nahmen sie Kontakt mit Heinrichs Großvater auf. Sie wussten, dieser besaß einen größeren, hölzernen, zweirädrigen Karren, einen Ziehwagen, dem er seinen Hund vorspannte. Damit transportierte er Waren, die er einkaufte und weiterverkaufte. Gebrauchte Waren.

Sein Rayon reichte von Linz bis ins Böhmische. Handeln, womit auch immer war für viele Menschen die fast einzige Möglichkeit um zu etwas Geld zu kommen. Einen Beruf hatte er, wie viele andere auch, nicht erlernen können, die Möglichkeiten fehlten. *„Kann ich schon machen"*, sagte der Großvater. Mit Karren und Hund machte er sich auf den Weg an den bestimmten Waldrand. Was aber, wenn die Gendarmen das Versteck schon entdeckt hatten? Nach einer kleinen Nachdenkpause nestelte er an seiner Hose, zog die Träger von den Schultern, ließ das Hemd heraus hängen und ging den von den Wilderern beschriebenen Weg entlang. Als er die Anhäufung sah, fasste er seinen Hosenbund und ging vorsichtig weiter. *„Jetzt haben wir* *dich, du Lump!"* Zwei Gesetzeshüter sprangen aus ihren Verstecken. *„Was ist denn los?"*, fragte scheinheilig der Großvater. *„Du bist ein Wilderer!" „Ich? Nein"*, sagte er wahrheitsgemäß. *„Was ich vorhabe sehen Sie ja, ich suche einen geeigneten Platz dafür!"* Damit war er heil davon gekommen.

Es gab regelmäßiges Essen auf dem Hof. Nicht zu viel, aber doch. Zum Frühstück kam eine große Schüssel warme Milch auf den Tisch, aus der alle aßen. Die Bäuerin schnitt kleine Stücke vom Brotlaib ab, ließ diese in die Milch fallen. Die Rangordnung beim Essen war streng. Zuerst griff der Bauer nach seinem Löffel, nahm aus der in der Mitte des Tisches stehenden blechernen Schüssel, dann die Bäuerin, danach die Knechte, weiter die Mägde, erst dann der Hüterbub, zum Schluss die Kinder. War diese Zeremonie vollendet, durften alle gleichzeitig löffeln.

Ein besonderes Ereignis auf einem Bauernhof ist das Brotbacken, das sich alle zwei Wochen wiederholte. Zwei bis drei große Laibe hingen noch in der Brotleiter, trockneten mehr und mehr. Im Holztrog auf Stühlen in der Küche, halb gefüllt mit Mehl, Salz, Germ oder Sauerteig, den die Bäuerin aus einem Rest des Teiges selber bereitete, entstand der Brotteig. Lauwarmes Wasser goss sie hinzu, mischte, bis das Mehl von passender Feuchtigkeit durchzogen war, fing an zu kneten. Für eine Person war diese große, schwere, klebrige Teigmenge nicht leicht bewältigbar, Nachbarinnen oder Taglöhnerinnen halfen. Geschmeidig musste der Inhalt werden, versehen mit Luftbläschen. Ging die Masse hoch, was mehr oder weniger von der Wärme in der Küche abhing, stieß die Bäuerin den Teig nochmals nieder. Feiner schmeckte das Brot dadurch. Aus dem gut aufgeheizten, gemauerten Ofen wurden Asche und verkohlte Holzstücke herausgeholt, die geformten Laibe, mit Hilfe einer hölzernen Schaufel an einem langen Stiel, hinein gehoben. Frisch gebackenes Brot schmeckt zu gut. Schon der Geruch ist eine Verführung. Hätte die Bäuerin es gleich zu Tisch gebracht, wäre sofort zu viel davon in den Mägen der Familie und Dienstboten verschwunden. Die noch lagernden Laibe verhinderten das.

Da der Tag sehr früh begann, gab es am Vormittag eine Jause, meistens Brot und Topfenkäse, welchen die Bäuerin selbst zubereitete. Mittags waren immer Sauerkraut und Erdäpfeln zum Sattessen auf dem Tisch. Am Donnerstag und am Sonntag gab es Fleisch dazu, an den anderen Tagen Grammelknödeln, Erdäpfelnudeln, Erdäpfelschädel, auch Apfelstrudel, Buchteln, Schmarren, etwas nach Jahreszeit aus Gemüse- und Obstgarten. Am Fleischtag fiel die Nachmittagsjause aus. Heinrich sparte immer ein wenig von dem Geselchten auf, denn der Magen knurrte lange vor dem Abendessen, das keine Abwechslung bot. Kraut und Erdäpfeln, danach ein Stück Obst, solange die Ernte reichte.

Einmal machte Heinrich eine Entdeckung. Es fiel ihm auf, der Bauer verließ abends, täglich, den Stall, wenn gerade die allerwichtigsten Arbeiten getan waren, die Anordnungen getroffen. Bis der Stall sauber und gut versorgt der Nachtruhe übergeben werden konnte, dauerte es noch eine gute Weile. Einmal trug Heinrich etwas vom Stall ins Haus und überraschte den Bauern in der Küche vor einer üppigen Jause sitzend, obwohl er zuvor auch Kraut und Erdäpfeln mit allen gemeinsam gegessen hatte. Ein wenig peinlich mag es diesem gewesen sein. Kann sein, der schlaue Heinrich hatte mit einem Vorwand die Küche aufgesucht um seine Vermutung bestätigt zu bekommen. Der Bauer wird es für sein gutes Recht befunden haben, diese nur für ihn vorgesehene Stärkung ungesehen zu genießen. Ob Heinrich das Wasser im Mund zusammenlief? Jedenfalls nahm er das Gesehene hin, wie Verhalten von Obrigkeiten eben hingenommen wurde und wird. Und er war ja auch gerne bei dem Bauern.

Lohn war ein Fremdwort für einen Hüterbuben. Heinrichs Vater aber kam jedes Wochenende auf eine reichliche Jause und Most zu dem Bauern, das hatte der Sohn doch wohl erarbeitet. Heinrich, trotz seiner Jugend, durchschaute das Manöver. Eigentlich ärgerte es ihn. Sie aßen Kraut und Erdäpfel, der Vater saß bei Speck, Brot und Most, ohne jede Leistung. Unverschämt empfand er es. Peinlich war es ihm. Der Bauer? Fürchtete er sich, den Hüterbuben zu verlieren, wenn er nicht gab? Zu seiner Freude war es gewiss nicht gewesen.

Bei einer solchen Gelegenheit erzählte Heinrich seinem Vater, die Schuhe hätten sich aufgelöst. Die Sohle hänge nur noch an einer Stelle. Er habe keine anderen Schuhe. Dass der Bub nicht nur barfuß arbeiten konnte, sah der Vater ein. Ein Schneider kam einmal im Jahr zum Bauern und nähte in der Stube Gewand für die ganze Familie, auch Arbeitsgewand für Heinrich, dazu eines für den Sonntag. Die Stoffe dafür wurden bei Umgehern gekauft. Ein Schuster kam nicht.

Mit dem Bus, auch ein besonderes Erlebnis für den Buben, fuhren Vater und Sohn von St. Johann nach Linz, dann mit der Straßenbahn zum Hauptbahnhof. Nicht weit von dort gab es ein Geschäft, das gebrauchte Kleidung und Schuhe handelte. Es fand sich ein Paar Arbeitsschuhe. Vor der Rückfahrt genoss der Vater im Gasthaus Budweis in Urfahr noch ein Gulasch und ein Bier und auch Heinrich durfte eines essen. Daran erinnert er sich gerne. Auch die Belehrung des Vaters vergaß er nicht. Flotte Damen redeten von einem anderen Tisch zum Vater herüber, der auch mit ihnen scherzte. *„Bua"*, sagte er dann, *„da musst du aufpassen! Schnell kannst du dein Geld los sein."* Den Rückweg hatte er in diesen gebrauchten Schuhen antreten können. Barfußlaufen war er gewöhnt. Schuhe waren doch etwas anderes. Nicht jeder, der einem begegnete, sah gleich das Ärmliche.

Die Bäuerin übertrug Heinrich auch eine andere schwierige Aufgabe. Auf dem Hof lebten zwei Schwestern des Bauern. Diese übten fleißig Kritik an der Bäuerin. Sie mache Sachen nicht so, wie sie immer gemacht worden seien. Nur weil sie jetzt die Bäuerin sei, brauche man doch keine Neuerungen. Alles wäre doch vorher auch gut gelaufen. Jetzt habe halt sie das Sagen und er werde schon noch sehen, wohin das führen wird. Mit dem vielen Geschimpfe verunsicherten sie den Bauern. Zorn stieg in ihm auf. Es gab Streit. Wurde es ihm zu viel, was öfter vorkam, verschwand er und kam abends nicht nach Hause. *„Geh, Bua"*, sagte die Bäuerin, *„sei so gut und suche den Bauern. Sag ihm, er soll doch heim gehen."* Müde lief Heinrich Hof, Wiesen und den Waldrand ab. Fand er den Bauern endlich, setzte er sich einfach neben ihn. Ein tristes Bild hatte er vorgefunden. Die Unterarme über den Knien, darauf der Kopf. Ein Bündel aus Selbstmitleid bot er. Ein Bündel in einer Zange von frustrierten, eifersüchtigen, neidischen Schwestern, gehalten von der Mutter. Müde war der Bauer, von Arbeit und Missbehagen. Durst hatte er. In sein Bett sehnte er sich, zu seiner Frau. Nach einer stummen Weile stand er auf und kehrte mit dem Hüterbuben, ohne Gesichtsverlust, zu seiner Bäuerin zurück. Als die Schwestern endlich das Haus verlassen hatten, gab es keine Streitigkeiten mehr. Heinrich konnte, vom Raum neben dem Rübenkeller, in eines der Zimmer übersiedeln.

Heinrich, – beim Namen wurde er nie gerufen, er war der „Bua", – interessierte sich besonders für den Antrieb der Futterschneidmaschine. So etwas hatte er zuvor nicht gesehen. In einer Hütte neben dem Stall, über dem sich der Heuboden befand, stand ein riesiges Wasserrad, beliefert von einem höher gelegenen Teich. Dazu hatte der Bauer einen Verbau für den Abfluss errichtet, versehen mit einem Wasserzapfen. Von dort zog er eine Runse an die höchste Stelle des Rades. Wollte er Futter schneiden, zog er den Zapfen. Die Antriebskraft auf den Heuboden zu bringen hatte den Bauern ordentlich beschäftigt. Schließlich brachte er am Grindel des Rades eine doppelte Umlaufkette an, führte diese durch eine Lucke des Heubodens zur Futterschneidmaschine. Das schwere Kurbeln übernahm somit die Wasserkraft, wenn sie vorhanden war. Auch als man noch nicht täglich vom Klimawandel hörte, gab es trockene Zeiten. 1951 kam ein Dieselmotor der Marke Jenbacher mit 8 PS auf den Hof und ersetzte verlässlich die Arbeit des Wasserrades. Dem nicht genug: Der Bauer erwarb eine gebrauchte Panzerlichtmaschine, die auch der neue Motor antrieb. So gab es elektrisches Licht, für ein paar Stunden morgens und abends. Einfache Aufputzleitungen brachten es dort hin, wo es am nötigsten war. Welch ein Wunder! In der Ortschaft Penning gab es nirgends Strom, nur beim Besl.

Auch in die Schmiede zog es den Buben, an die Esse, zum Schmiedefeuer. Der Blasbalg brachte das Feuer in Schwung. Eine Feuerschaufel, ein Löschwedel, Feuerkratze und Schlackenhaken durften nicht fehlen. Ebenso ein Löschtrog und, wichtig, ein Kamin, der gut zog. Der Amboss befand sich nicht weit von der Esse, der Platz, an dem das glühende Eisen seine Form bekam. Dazu waren einige Hämmer von Nöten, wie ein

Vorschlaghammer, ein Schmiedehammer, Flach- und Kehlhammer. Auch Zangen brauchte ein Schmied, wie Rund-, Flach- und Winkelzange. Die Liebe zum Sammeln alter Werkzeuge, die Heinrich später entwickelte, mag in dieser Zeit ihren Anfang genommen haben. Ein Museum ist das Ergebnis dieser Leidenschaft, durch das er bis heute gerne Besucher führt, Werkzeuge erklärt, die heute keiner mehr kennt, wie zum Beispiel eine Eissäge. Elektrische Kühl- und Gefrierschränke haben sie in Pension geschickt.

Eine selbstfahrende Mähmaschine, hinter der die arbeitende Person herging, und diese über die Wiesen lenkte, hatte der Beslbauer beim Nachbarn gesehen, beim Reiter, Hausname Penninger, danach eine solche erworben. Selber mähen wollte er nicht mit diesem fortschrittlichen Gegenstand, das überließ er dem Hüterbuben mit: *„Bua, fahr du"*. Einen Knecht gab es nicht auf dem Hof, nur Taglöhner, wenn viel Arbeit anstand. Heinrich war das recht. Geschickt lenkte er den Mäher über die Wiesen, freute sich, wie viel mehr Gras in kurzer Zeit schon in der Sonne lag, im Vergleich zu den stundenlang schwingenden Bewegungen, die die Sense abverlangte. Er fühlte sich gut, mit dem, was ihm anvertraut wurde, vielleicht sogar ein bisschen stolz.

Der freundliche Penninger war gewissermaßen eine Ausnahme unter der Landbevölkerung. Obwohl er nach Heinrichs Kenntnissen vom Penningerhof abstammte, redete er „nach der Schrift". *„Hätten Sie nicht Lust bei mir zu arbeiten?"*, fragte er Heinrich eines Tages. Er habe gesehen, wie anstellig, rührig, und fleißig er sei. Er sei gern beim Besl, so der Hüterbub. *„Wieso redet der mich mit Sie an?" „Zu mir, einem Hüterbuben, sagt er Sie?"* Außer für Pfarrer und Lehrer gab es kein Sie, und auch das funktionierte nicht immer, trotz Übung in der Schule. An einem Elternsprechtag erklärte ein Lehrer der Mutter eines Schülers, dieser möge endlich das Sie-Sagen lernen, er werde das in seinem späteren Leben noch brauchen. Die Mutter war ganz der Ansicht des Lehrers, mit dem sie zum ersten Mal sprach, und meinte: *„Ja, ich sage es ihm doch eh immer wieder, er soll Sie sagen zu dir."*

Im letzten Schuljahr, es war das sechste, eilte Heinrich mit seinem selbst gebastelten Fahrrad vom Bauern zur Schule. Ein Stück von da und eins von dort, hatte er zusammengetragen, bis nach einiger Zeit die Teile gesammelt waren und das Gestell sich zu einem fahrbaren Ding entwickelt hatte. *„Von allen Schülern besaßen nur zwei ein Fahrrad. Ein Bauernsohn und der andere war ich."* Das freut ihn noch heute.

Schon der ganz junge Heinrich war ein geselliger Bub. Das Fahrrad auch dazu von Bedeutung um zu Unterhaltungen zu kommen und das Fensterln nicht zu versäumen. *„Einmal hab ich einen schönen Blödsinn gemacht"*, berichtet er gerne. *„Das war damals, als ich beim ersten Bauern, beim Besl, diente. Ich war gerade vierzehn Jahre alt."*

Am Wochenende holte ihn Freund Hermann ab, einmal schauen, was sich tut. Beim weiblichen Geschlecht natürlich. Die auftauchenden Hormone spielten immer schon Karussell mit den jungen Leuten. Heute können Eltern sich informieren, was in ihren Kindern in der Pubertät vor sich geht. Eine Unmenge von Lektüre klärt Eltern auf, „Die Kunst einen Kaktus zu umarmen" zum Beispiel (Claudia und David Arp), oder „Wie badet man einen Fisch?" (Michael Carr-Gregg). An so was dachte früher niemand. Arbeit hieß die Therapie. Diese wäre auch heute noch wirksam gegen allerlei groben Unfug, so wie das Fahrrad anstelle eines Autos, mit dem manche Eltern ihr Kind unnötigerweise ausstatten, als Status sozusagen. Und das Handy hat das Fensterln abgewürgt, schade um die Geselligkeit in der frischen Luft.

Die Beiden radelten also durch die Gegend. Zuerst einmal zu dem Haus, wo sie ein hübsches Mädchen wussten. Aber da stand schon ein Rad und der Fahrer war nicht zu sehen. Also weiter. Bei einem anderen Haus waren ihnen schon vier Burschen zuvor gekommen, die sich mit einer fröhlich aus dem Fenster Lehnenden unterhielten. Die beiden gesellten sich dazu, plauderten mit. Bald fanden sie das zu dumm. Noch zu ein paar anderen Häusern radelten sie, doch es tat sich nichts. Etwas verdrossen ging es heimwärts, vorbei an dem Haus, an dem das Rad lehnte. Dieses war immer noch da. *„Wir könnten ihm was zu Fleiß tun"*, so der Hermann. Sie machten kehrt und wie der Freund gesagt hatte, so handelte er auch. Mit dem Taschenmesser schnitt er in den hinteren Reifen. Beim Weiterradeln dürfte ihm nicht recht gut gewesen sein. Er blieb stehen. *„Tu du ihm auch was!“* Eine verzwickte Sache. Den Freund im Stich lassen? Vor ihm ein Feigling sein? Als Feigling ausgelacht werden? Also umkehren, den Vorderreifen ruinieren. Gut schlief keiner in dieser Nacht. Nach ein paar Tagen erschien der Herr Inspektor Koisner beim Bauern. Das müsse ein Irrtum sein, so der unwissende Bauer, der Heinrich sei ein so guter Bub und arbeite sehr fleißig. Genützt haben diese Worte nichts. Der Sachverhalt war klar. Es gab die vier Zeugen, die angaben, die beiden seien bald wieder zurück geradelt und an eben diesem Haus vorbeigekommen.

Der Herr Gendarm hatte eine Schreibmaschine mitgebracht und wollte in der Stube des Bauern ein Protokoll anfertigen über Heinrich und den Sachverhalt, was der ungläubige Bauer ihm verweigerte. Das war zu Heinrichs Nachteil. Er musste den Ordnungshüter zum etwa sieben Kilometer entfernten Posten nach St. Veit begleiten. Als sie etwas vom Bauernhof entfernt waren, hängte dieser die schwere Schreibmaschine über Heinrichs Schulter, bis zu den ersten Häusern von St. Veit musste er sie tragen, dann erst, als Leute das hätten sehen können, nahm der gute Mann diese wieder an sich. Das Urteil vom Gericht Neufelden lautete: Zwei Tage Gefängnis, Schlauch und Reifen ersetzen. Nachdem die schriftliche Vorladung eingelangt war, wurde es ernst. Der Bub redete vor Scham kaum noch. Noch ein Kind, aber strafmündig.

Auf dem zweistündigen Fußweg vom Bauern auf dem Berg bis zum Gefängnis in Neufelden schwirrten viele ängstliche Gedanken durch seinen Kopf: *„Werde ich zwei Tage allein in einer Zelle sitzen müssen? Werde ich etwas zu essen bekommen? Was werden sie mit mir machen? Ich habe großen Durst. Werde ich etwas zu trinken bekommen? Wenn nur irgendwo Wasser wäre! Ich gehe und gehe, die Füße bewegen sich, wie ohne mich. Werde ich rechtzeitig ankommen? Nie mehr in meinem Leben lasse ich mich zu etwas überreden! Nie mehr werde ich jemandem an seinem Eigentum Schaden zufügen. Die Leute werden erfahren, dass ich eingesperrt war! Sie werden denken ich sei ein* *durchtriebener Bösewicht. Aber das bin ich nicht. Ich war dumm. Meinen Freund wollte ich nicht im Stich lassen. Feige war ich! Ich hab's doch gespürt, es ist nicht richtig! Das hätte ich zu ihm sagen sollen und ihn abhalten. Ich habe einen großen Blödsinn gemacht. Ich habe getan, was ich eigentlich nicht tun wollte. Niemand wird mich mehr sehen wollen. Ich bin so allein, ich bin so einsam. Niemand kann mir helfen. Wenn meine liebe Mutter das erfährt, muss auch sie sich für mich schämen."*

Mit Mühe hielt er die Tränen zurück. Niemand auf der Straße sollte sehen wie traurig er war. Ganz gelang es ihm nicht. Mit der Hand wischte er das vermeintlich Beschämende aus dem Gesicht. Es war heiß. Der Durst und die Hoffnung auf einen Brunnen lenkten ihn ab.

Dann kam alles ein wenig anders. Dem Kerkermeister gehörte ein großer Gemüsegarten am Ortsende von Neufelden. Dort hin musste Heinrich ihn begleiten, vorbei an den Markthäusern. Er wagte nicht aufzusehen. Nur auf den Boden schaute er, den Kopf gesenkt. Die sich bewegenden Vorhänge, die neugierigen Gesichter hinter den Fenstern. Er kannte das.

Im Garten angekommen wurde ihm viel Arbeit angeschafft. Der Besitzer ließ ihn damit allein. Heinrich war es im Garten lieber als im Gefängnis. Verschiedenstes war zu tun, wie Unkraut zupfen – diese unliebsame Tätigkeit –, Wasser holen, gießen, Wege säubern, Kompost schaufeln. Es gab reifes Gemüse zu ernten und viele reife Erdbeeren, die er pflücken musste. So schöne rote Früchte! Heinrich lief das Wasser im Mund zusammen beim Anblick dieser für ihn seltenen Köstlichkeit. Wie gerne hätte er wenigstens eine gekostet. Aber auch hier gab es rundum Fenster. Er befürchtete, jemand würde ihn anschwärzen und es kämen noch schlimmere Dinge auf ihn zu. Er musste standhalten. Zu Mittag wurde er geholt, erhielt Essen, und wieder ging's in den Garten. Auch abends gab es Essen, dann Übernachten in der Zelle, alles wiederholte sich am zweiten Tag. Wie ein Aussätziger kam er sich neben Vorbeigehenden vor. Müde von der Arbeit durfte er sich dann auf den weiten Heimweg zum Bauern machen. Er schwor sich, nie mehr etwas mit einem Gericht zu tun haben zu wollen. Und er hatte keine einzige Erdbeere gegessen. Der Bauer freute sich, dass sein „Bua" wieder da war.

Heute lachen sie miteinander, der Schindlbauer Ludwig und Heinrich, wenn sie sich zufällig über den Weg laufen, über alte Zeiten reden, über die damaligen Vorkommnisse und das damals von ihnen so verehrte Mädchen, Hilde Schober.

Wie Heinrich das Geld für den Schaden, den er angerichtet hatte, zusammenkratzte, weiß er nicht mehr. Eine kleine Barschaft besaß er vom Viehtreiben. Verkaufte der Bauer eines seiner Tiere, kam nicht ein Viehhändler mit seinem Auto, – nein –, der Hüterbub musste es zum Hof des Käufers treiben, oder auch zur Bahnstation, wo das Tier verladen wurde. Es gab eine Belohnung von ein paar Schillingen, für diese mühsame Arbeit.

Einmal stellte sich die Aufgabe, eine tragende Kalbin vom Bauern Besl nach Urfahr zu treiben. Anfangs ging's halbwegs weiter auf dieser langen Strecke, doch die Kuh ermüdete nach einer Weile. Heinrich hatte große Mühe, sie weiter zu bringen. Wieder blieb sie stehen und rührte sich nicht. Er redete ihr gut zu und half auch mit dem Stock etwas nach. Nichts. Als sie sich nach einiger Zeit doch bequemte, war er heilfroh. Es dauerte nicht lange und sie legte sich mit ihrem dicken Bauch auf den Boden. Entsetzen erfasste Heinrich. *„Was, wenn sie anfängt zu kalben?“* Nach einiger Zeit stand sie doch wieder auf, Heinrich zog an dem, am Halfter befestigten, Strick. Gott sei Dank, sie schien wieder zu gehen, aber nicht weit. Wieder legte sie sich nieder. Nachdem sich das ein paar Mal wiederholt hatte, erreichten sie endlich Bauernhäuser. Heinrich fragte einen der Stallbesitzer, ob er die Kuh bis morgen einstellen könne, aber die Beschreibung des ermüdeten Tieres rührte keinen im Dorf und auch nicht der verzweifelte Bub. Zum Lüftner in Urfahr müsse er und das sei noch weit. Spät am Abend war das Ziel, mit vielen Unterbrechungen, endlich erreicht. Kühe leiden an Heimweh. Sie muhen einige Tage laut und traurig um ihre Freundinnen, so auch diese Kalbin. Sie weinen um das ihnen weggenommene Kälbchen. Geburt, Leid, Tod. Dazwischen glückliche Tage auf sonnigen Wiesen, am gefüllten Barren. Stundenlanges Wiederkäuen in der Sonne liegend, oder im Stall. Zeit zum Wohlfühlen. Heinrich brauchte nun nicht mehr die ganze Strecke zu Fuß zurücklegen. Bis nach Waxenberg fuhr er mit dem Bus, gut zwölf Kilometer musste er von dort zum Bauern noch auf seinen Beinen bewältigen.

Nach dem Krieg mangelte es im Mühlviertel immer noch einfach an allem. Es gab auch viel zu wenige junge Ferkel. Wie soll es da wieder genug zu essen geben? Es ging die Rede, in der Eferdinger Gegend gäbe es Bauern, die junge Schweine verkaufen. Heinrichs Vater, der zu dieser Zeit noch zuhause lebte, überlegte, es müsse doch möglich sein, Ferkel über die Donau zu bringen, was natürlich verboten war. Mutig nahm der umschlägige Mann sein ganzes Bargeld zur Hand, fuhr mit Pferd und Wagen nach Aschach und weiter flussabwärts nach Brandstatt, wo er Pferd und Wagen unterbrachte. Mit einer Zille überquerte er die Donau. Tatsächlich fand er Bauern, die genug junge Schweine hatten und diese auch verkauften. In Kisten brachte er sie mit Hilfe der Bauern zur Zille. Die Gefahr, sie über die Donau zu bringen, machte ihm Sorgen. War das geschafft, konnte nicht mehr viel passieren. Es konnten wieder wenigstens ein paar Schweine gemästet werden und er hatte ein gutes Geschäft gemacht. Mehrmals wagte er sich daran und es gelang ihm gut. Dann kam das Pech. Wieder hatte er das ganze Bargeld für Ferkel ausgegeben. Bis zur Zille lief alles gut. Auf der Donau wurde er gefasst. Die Schweine wurden beschlagnahmt. Mit leerem Wagen und leeren Taschen kam er zuhause an. Ein schlimmer Tag für die Familie. Ein paar Tage später fragte der Vater Heinrich nach dem Geld von der Firmung. Der Sohn gab es ihm sofort. *„Ich gebe es dir zurück, sobald ich kann.“* Daraus ist nichts mehr geworden.

Als der Vater 1945 wieder zuhause war, arbeitete er nicht mehr als Steinmetz. Mit Pferd und Wagen fuhr er durch die verschiedensten Ortschaften, kaufte und sammelte alles, was nach dem Krieg nur irgend jemand brauchen konnte. Hauptsächlich Altwaren brachte er von da nach dort. Gegenstände, Lumpen, Alteisen und vieles mehr, lagerte er an verschiedenen, zufahrbaren Plätzen. Großhändler, hauptsächlich aus Linz und Eferding, kamen mit LKWs. Den Erlös musste er selber bei den Firmen abholen. Von Fleischhauern und Bauern beschaffte er die Knochen der geschlachteten Tiere und legte sie zum Trocknen auf eine Wiese. Heinrich, der ihm helfen musste, diese danach in Säcke zu füllen, ekelt sich von dem Gestank und den vielen krabbelnden Maden noch heute. Der Vater zog an seiner Pfeife, der Rauch milderte den unausstehlichen Geruch. Von der Maggi-Fabrik Wels wurde die stinkende Sammlung abgeholt.

Oft kam der Vater drei Wochen lang nicht nach Hause. Der Mutter gab er nur wenig Wirtschaftsgeld. Dadurch, dass er irgendwo unterwegs nächtigen musste, hatte er eine andere Frau kennengelernt, zu der er 1950 zog. Eine finanzielle Katastrophe für die Mutter. Das zugehörige Grundstück ernährte die Familie nicht und konnte auch von einer Frau allein nicht bearbeitet werden. Es brauchte einen kräftigen Mann für die Mahd auf den Hängen und das Heu musste am Rücken zum Heuboden getragen werden, dort noch eine Leiter hinauf auf den Heustock, wie Heinrich das erneut tat, als er wieder nach Hause gekommen war. *„Da kann dir schon die Kraft ausgehen"*, meint er dazu. Adolf, der Jüngste, gerade zehn, lebte zu dieser Zeit noch bei der Mutter. Ebenso war Schwester Maria, mit ihrem ersten Kind, bei der Mutter. Ihr Mann hatte sich als Taugenichts erwiesen. So jung, wie sie war, wo hätte sie schon hingehen können? Sie half der Mutter, die Arbeit zu bewältigen. Die Ernte war beinahe aufgebraucht, das noch zu kleine Schwein aus Not geschlachtet, trotz seltener und sparsamer Beigabe gegessen. An Hühnerfutter fehlte es, die Hennen legten schlecht, einige waren zu Suppe verkocht. So entschloss sich die Mutter an den Vater zu schreiben. Zwanzig Schillinge pro Monat gab er. Ein Kilogramm Brot kostete zu dieser Zeit gut drei Schillinge. Es reiche nicht, ließ die Mutter ihn wissen. Sie bat um mehr Geld. *„Du kannst in den Wald um Schwammerl gehen und diese verkaufen, dann hast du Geld"*, las sie im Antwortschreiben.

Schweren Herzens, in Holzschuhen, eine Schürze umgebunden, ein Tuch auf dem Kopf, um das schmale Gesicht mit den großen Augen gebunden, öffnete sie noch einmal alle Küchenkästen, ging in Abstellräume, durch den Stall. Irgendwo musste sich doch noch Essbares finden. In Ermangelung anderer Nahrungsmitteln war das Krautfass leer, die Erdäpfel auf ein winziges Häuflein geschwunden. Es blieb ihr nichts anderes übrig, als die Demütigung auf sich zu nehmen, zu Bauern zu gehen und diese um Essbares zu bitten. Manche gaben, manche nicht. Gold und Pelz für den Tausch hatte sie ja nicht, wie damals viele Leute aus den Städten. Arbeit versprach sie. Es ist bekannt, viele Leute, und das nicht nur im Mühlviertel, aßen Katzen, getarnt als Hasen. Auch der Mutter vom Schauflerhäusl blieb das nicht erspart. Sie fragte bei Bauern, ob sie zu viele Katzen hätten, was öfter der Fall war, Katzen vermehren sich rasant. Manchmal gelang es ihr, eine Katze anzulocken. Einen Sack trug sie mit sich, in den sie das getäuschte Tier steckte. Als sie einmal im Ort von St. Johann zu tun hatte und schon auf dem Rückweg am Kepplingerwirtshaus vorbeikam, streunte da eine gut gefütterte. Der Wirt sah die Frau, die noch gar nicht versucht hatte, das Vertrauen des Tieres zu gewinnen, und rief laut: *„He, Greazweilin, lass mir den Kater da!“*

Es war schwer für die Mutter, den Katzen etwas anzutun. In ihrem Haus gab es auch immer eine Katze, damit die Mäuse nicht überhand nahmen. Katzen schmiegen sich um unsere Beine. Wählerisch sind sie dabei nicht, diese Zuwendung lassen sie auch Unbekannten zukommen. Der Glaube, sie meine nur dich, ist stark in solchen Momenten. Die Bilder von Heinrichs Lebensrettung tauchten auf. Wie hungrig muss ein Mensch sein, wie hungrig die, in deiner Verantwortung stehenden Kinder, dass in diesem Falle die Vernunft über das Gefühl siegt?

Heinrichs um zehn Jahre ältere Schwester Wilhelmine, war zu dieser Zeit schon verheiratet. Mit vierzehn Jahren, nach Beendigung der Pflichtschule, war sie, wie fast alle Kinder in jenen Tagen, aus dem Haus gekommen, an einen Arbeitsplatz mit Essen und Schlafstelle. Für manche eine kalte Zeit. Bald suchten sie wieder ein warmes Nest und heirateten früh. Mit Hermann Höllhumer bekam die Mutter einen guten Schwiegersohn. Von Breitenbrunn, einem kleinen Nachbardorf von Thenning, fuhr er mit dem Fahrrad in das stetig ansteigende Mühlviertel nach Petersberg. Dort übernahm er für die Schwiegermutter die, – auch für ihn –, widersträubende Arbeit mit den Katzen. Zubereitungsfertig übergab er ihr das Fleisch. Fleisch ist dann einfach Fleisch. Kaum denkt man noch an das Tier. Es heißt Rindfleisch. Außer schön marmoriertem Fleisch ist keine Vorstellung da.

Über diese Arbeit sprach Herr Höllhumer nie zu seinen vier Kindern, denn auch dort gab es eine Hauskatze. Erst als Tochter Irene erwachsen war, sie die Umstände begreifen konnte, den Vater als Mensch sehen konnte, der anderen half, machte sie Bekanntschaft mit dieser Geschichte.

Gab es Not, gibt es heute Überfluss. Sehr viel Überfluss. Die Einkaufszentren quellen über. Kommt Heinrich zufällig in einen Lebensmittelsupermarkt, fragt er sich, wer das alles kauft. Links und rechts der Gänge findet sich stapelweise Essen. Essen, das er nicht kennt, Essen, das er nicht braucht. Und Verpackung. Verpackung und nochmals Verpackung. Allein besucht er so ein halbes Fußballfeld großes Geschäft nicht. Er geht nur mit, wenn er jemanden da hin fährt. Der Parkplatz ist voll. Leute streben, mit vollgeladenen Einkaufswägen, auf ihre Autos zu. Drinnen Stau vor den Kassen. Eiliges Schlichten einer Unmenge Waren auf das Förderband. Noch ist nicht alles wieder im Einkaufswagen gelandet, präsentiert die Kassiererin schon die Rechnung und wünscht einen schönen Tag. Waren einladen in den Einkaufswagen, schnell ausladen auf's Förderband, wieder, – fast hinein werfen –, in den Einkaufswagen, ausladen ins Auto, ausladen aus dem Auto, schlichten in Vorratskästen und auf Stellagen. Wenn seine Mutter diesen Unfug sähe. Er hat sein Geschäft, wo er einkauft. Auch ein Markt, aber überschaubar.

In St. Johann gibt es seit 2018 kein Geschäft mehr, wie in vielen ähnlich großen Orten schon länger. Verdrängt von den Supermärkten. Verdrängt von gedankenlos Einkaufenden. Abgewürgt von zu viel gekauften Lebensmitteln, von denen nicht wenige verderben und entsorgt werden. In Wien zum Beispiel soll täglich so viel Brot im Biomüll landen, wie die Menschen in Graz an einem Tag kaufen. Unzählige, verlockende Angebote, nach denen fast automatisch gegriffen wird, die weder geplant noch notwendig sind. Vieles lagert dann zuhause. *„Ah, ja, das liegt auch noch da. Das gehört auch verbraucht"*, bleibt aber noch liegen. Oft zu lange. Ist wirklich so viel zu gewinnen bei den großen Packungen und den kleineren Preisen? Eigentlich nur die öde Ruhe in den Orten! Das verlorene Miteinander, das uns gut tat. Auch Kaufhaus Krauck, Gemischtwarenhandel, ist geschlossen.

Heinrich weiß den Werdegang dieses Geschäftes und hat seit seiner Geburt auch eine besondere Beziehung dazu. Der Lehner Franzl, der als Bub die Nachricht wegen der Hebamme vergaß, war der Sohn des Gründer-Ehepaares. Das erste Geschäft befand sich in Petersberg. Zwischen 1920 und 1930 erwarben die Lehners dort das Häusl Nr. 18 und begannen einen Gemischtwarenhandel, der florierte. Sie waren bekannt als freundlich und hilfsbereit. Herr Lehner befasste sich auch mit allen möglichen anderen Arbeiten, während seine Frau das Geschäft bediente. Bekannt wurde er als Zahnzieher. Klagte ein Kunde über nicht mehr ertragbare Zahnschmerzen, setzte er diesen neben eine offene Tür, band einen widerstandsfähigen Faden um Zahn und Türschnalle. Noch bevor der Schmerzgeplagte Einwand erheben konnte, schlug er die Tür zu und weg war der Zahn, zumindest, wenn er schon etwas gelockert war. Später verkaufte das Ehepaar das Häusl wieder und erwarb ein Haus im Ortszentrum von St. Johann. Dort führten sie zusammen mit Tochter Fannie das Geschäft weiter, auf die es auch überging. Diese heiratete Herrn Alfred Krauck. Tochter Regina führte das Geschäft bis zu ihrer Pensionierung 2018 weiter. Die geschlossenen Geschäfte fehlen in den Orten. Das, was fehlt, ist in Supermärkten nicht zu finden.

„Diese und andere Begebenheiten hat meine Mutter erzählt“, sagt Heinrich.

Der Vater war also zu dieser neuen Bekanntschaft gezogen. Diese hatte schon einige Kinder, jedes von einem anderen, so hinter vorgehaltener Hand. Danach etwas lauter: *„Kinder können ja nichts dafür.“ „Nein, die Kinder nicht, auch nicht wirklich die Frau. Wo sind die in Verantwortung stehenden Väter geblieben?“*

Schwanger sei sie, hatte sie Herrn Grünzweil mitgeteilt, und zwar von ihm. Das kleine alte Haus an der Straße, das sie gemietet hatte, war total heruntergekommen. An einigen Fenstern gab es statt Glas vorgespannte Fetzen. Leicht hatte es diese Frau bestimmt auch nicht. Heinrichs Vater erfuhr, es gebe einen nicht all zu weit entfernten Hof zu bewirtschaften. Auch die entsprechenden Wirtschafts- und Wohngebäude seien vorhanden. Herr Grünzweil, der auf seinen Wanderwegen als Händler einiges verdient hatte, nahm diese Gelegenheit wahr, kaufte ein paar Kühe, vergaß die Familie und lebte dort sein neues Leben mit der neuen Frau. Diese hatte eine Nachbarin, mit der sie sehr vertraut war. Die eine wusste alles von der anderen, bis auf das, was eben jeder Mensch in sich verschließt. Und jede behielt das Anvertraute solange für sich, bis sie meinte, aus Wut ein scharfes Geschoss zu brauchen. Anvertraute Geheimnisse können zu einer vernichtenden Waffe mutieren.

Mit sechzehn Jahren wechselte Heinrich zu einem größeren Bauern nach St. Veit, zum Staffenberger in Keppling, der sich einen Knecht leisten konnte. Ein Aufstieg. Er war nicht mehr Hüterbub. Dort gab es bereits drei Pferde für die Arbeit anstelle von Ochsen und es gab Lohn, der aber eher klein ausfiel, Wohnen und Essen gehörten zum Verdienst. Den zwölfjährigen Bruder Adolf, der 1940 auf die Welt gekommen war, holte er zu sich, damit auch dieser genug zu essen hatte, das er sich natürlich verdienen musste, ähnlich wie Heinrich seinerzeit. So ein Kleiner arbeitete schon recht vielseitig, wie helfen beim Ausmisten im Stall, Mist und das verschmutzte Stroh in den Schubkarren laden, auf den Misthaufen vor dem Stall schieben, drei Mal die Woche auf dem Heuboden mit einer dieselbetriebenen Schneidmaschine Heu und Stroh schneiden, dieses durch die Futterlücke in den Stall hinunter werfen, Tiere putzen, Wasser und Holz ins Haus bringen, den Hof kehren, dieses da hintragen und jenes dort und natürlich das Vieh hüten. Mähen mit der Sense musste er nicht mehr, wie damals Heinrich. Der Bauer besaß bereits eine Mähmaschine mit einem seitlichen Balken, die von Pferden gezogen wurde. Auch der Knecht musste nicht mehr übers Feld laufen, er saß auf der Maschine und lenkte von dort die Pferde.

Die Pferde beim Bauern Staffenberger empfand Heinrich als wirklichen Fortschritt gegenüber den Ochsen. Weniger störrisch waren sie und bewegten sich schneller. Anstelliger verhielten sie sich, ob auf Wiesen, Feldern oder im Wald. Für Einkauf und

Verkauf zogen sie flott den Wagen. Heinrich, der gut sechzehnjährige Knecht, bekam die Aufgabe übertragen, mit Kornsäcken zur Schwentmühle zu fahren, unterwegs beim Hufschmied Halt zu machen, eines der beiden angespannten Pferde brauchte neue Hufeisen. Eine dreiteilige eiserne Egge hievte er auch noch auf die Säcke, der Schiefermühlner Schmied möge sie reparieren.

Die erste Station war die für das Pferd. Dieser Pferdeschuhmacher war bekannt für sein Geschrei und Geschimpfe mit den Knechten. Keiner konnte den Fuß des Pferdes während des Hufeisen Wechsels so hochhalten, dass es ihm gepasst hätte. Noch dazu lehnte er sich selber abwechselnd gegen Pferd und Knecht. Dabei das Gleichgewicht zu halten wurde schwierig. Heinrich kannte diese Vorgehensweise schon und war jedes Mal froh, wenn die Arbeit bei diesem Schreihals beendet war. Wäre, was dieser Mann ausspuckte, Wasser gewesen, pudelnass müsste er weiterfahren –, Richtung Waxenberg zur Mühle. Wenn er dachte, das Schlimmste hätte er für heute hinter sich gebracht, hatte er sich getäuscht. Ausgerechnet in der sogenannten, sehr engen, sehr unübersichtlichen Kematner Kurve, kam, wie plötzlich, ein großer LKW entgegen. Die beiden Pferde, die an solche Undinger wenig gewöhnt waren, schreckten sich derartig, sie sprangen über die Böschung hinunter. Heinrich, Egge und Kornsäcke schleuderte es vom Wagen, dieser stürzte um, die Pferde schleiften ihn noch, bis sie sich ein wenig beruhigten und Halt machten. Als Heinrich wieder auf den Füßen war, die Prellungen bemerkte er vor Schreck erst einmal nicht, sah er die Säcke den Hang hinunterrollen, hinein in ein Kornfeld. Gut, dass Heinrich ein kräftiger junger Mann war. Er tätschelte die Pferde, schaffte es mit großer Mühe, den Wagen wieder aufzustellen, mit der Hand am Halfter wies er die Pferde in die Nähe der verlorenen Fracht, lud die schweren Säcke auf, dazu die Egge. Das Scheuen der Pferde saß ihm noch in den Gliedern, als er bei der Mühle ankam. Die Säcke lud er ab, mit der Egge ging's noch weiter zum Schiefermühlner, welcher die baldige Reparatur versprach. Von dort kehrte er zur Mühle zurück, von wo er Säcke gemahlenen Mehles, einer vorigen Kornlieferung, mit nach Hause nahm.

Die Monate liefen dahin. Heinrich dachte viel über seine Zukunft nach.

„Mit den dreihundertfünfzig Schillingen Lohn komme ich nicht weit“, sinnierte Heinrich beim Bauern in St. Veit vor sich hin. *„Ich habe keinen Beruf erlernt. Ich will mein Leben nicht als Bauernknecht verbringen. Ich muss etwas finden, von dem ich besser leben kann.“*

Anfang der fünfziger Jahre besaßen die Leute, die auf dem Land arbeiteten, immer noch so gut wie nichts. Bei dem einen oder anderen gab es doch Neuerungen, ein Motorrad zum Beispiel. Das Landleben ging entfernt von Zentren seinen Lauf, alle Wege waren weit. Als er wieder einmal einen Reisigbesen für den Bauern band, fiel ihm ein, es gibt Gegenden, da wachsen nur wenige Birken und damit ist kein Reisig für Besen vorhanden. Das war's! Schnell entschlossen band er einen solchen an sein Fahrrad und machte sich auf nach Eferding. Mutig besuchte er Firmen und Bauernhöfe und zeigte seinen Besen. Da es damals die heute industriell gefertigten Besen nicht gab, radelte er, glücklich, mit einigen Aufträgen im Hosensack, den weiten Weg hügelauf zurück. Frohen Mutes machte sich der Siebzehnjährige in seiner Freizeit an die Arbeit.

Der Winter kam. Früher konnte das Mühlviertel mit Sibirien verglichen werden, was Schnee und Wind anlangte. Auf dem Bauernhof war die Arbeit zu dieser Zeit weniger. Auch der Lohn. Ließ das Wetter es zu, wurde im Wald Holz gefällt, zum Verkauf und für die warme Stube in kommenden kalten Zeiten. *„Bauer, wär's Euch recht, wenn ich keinen Lohn verlange, aber morgens und abends im Stall arbeite, für's Wohnen und Essen?“* Der Bauer war einverstanden, so machte sich Heinrich ans Besenbinden. Diese Arbeit machte ihn zum Philosophen. Stunde um Stunde die gleichen Handriffe, ein Bündel Reisig, Draht, ein Bündel Reisig und so weiter. Zeit, um über das Leben nach zu denken. Seine Schlussfolgerungen über das Dasein und den Umgang damit, kamen nicht von Gelesenem, sie kamen aus eigenem Nachdenken, Fühlen, Tun und Sein. Außer einem Schullesebuch gab es keine Bücher in Heinrichs Welt.

Von Anfang November bis Ende April band Heinrich beim Bauern unzählige Besen. Das hatte ihm mehr eingebracht, als der Lohn. Reisig gab es genug. Umliegende Bauern, die er angesprochen hatte, belieferten ihn reichlich, nachdem sie gehört hatten, er zahle sofort: da Ware, da Geld. So konnte er sich kostbare Zeit sparen. Im Frühjahr ließ er eine stolze Fuhr per Lastwagen nach Linz und Eferding befördern, zu Lagerplätzen, welche er per Rad organisiert hatte, auch direkt zu geworbenen Großkunden. Kleinere Partien erledigte er wieder mit seinem Fahrrad von den Lagerplätzen aus. *„Siebzehn Jahr, dunkles Haar, nicht verwöhnt, erfolgsgekrönt."*

Etwas besonders Erfreuliches erlebte Heinrich auf diesem Bauernhof. Ein Mädel, aus der weiteren Umgebung, half oft auf dem Bauernhof und nächtigte während dieser Zeit in einer Kammer, zu der Heinrich, dessen Schlafraum sich an den Stall anschloss, über das Schredl gelangte. Die Altbäuerin entdeckte was da vorging. Besuchte Heinrich sonntags nicht die Kirche, hielt sich in der gemeinschaftlichen Stube auf, und hörte Radio, drehte sie dieses erbost ab. Wenn er nicht zur Kirche gehe, brauche er auch keine Radiomusik. Und beichten gehen müsse er ja auch. Heinrich tat, was *er* für gut hielt. Diese Jugendliebe heiratete später auf eine große Gärtnerei, die sich entlang der Mühlkreisbahn befindet.

Heinrich war also Knecht mit Lohn und auch sein Nebengeschäft, brachte ihm Geld ein. Ein Motorrad hatte der sparsame junge Mann erworben. Dass es sechstausend Schillinge gekostet hat, betont er besonders gern. Sein Jahresgehalt, wenn er auch im Winter voll arbeite, betrug viertausendzweihundert Schillinge, also eine tolle Leistung für den inzwischen Siebzehnjährigen. Einen Führerschein besaß er noch nicht. Weil er zu jung war, brauchte er die Unterschrift des Vaters um die Fahrschule besuchen zu dürfen. Kurz entschlossen fuhr er mit dem Motorrad von St. Veit zum neuen Wohnort des Vaters. Diesen fand er arbeitend auf dem Feld, ein zwei- bis dreijähriges Mädchen daneben. Als der Vater den Sohn kommen sah, hob er das Kind auf seinen Rücken und ging auf diesen zu. *„I brauchat a Unterschrift von dir"*, sagte Heinrich. Schon damals war er ein Meister darin, Dinge nicht peinlich werden zu lassen. Auf dem Weg zum Haus kämpfte der Vater gegen die Tränen. Berührt von

Heinrich, der war wie immer, dazu eine große Enttäuschung. Weinend erzählte er, das Kind sei nicht von ihm. Zwischen den Nachbarinnen und Freundinnen habe es in seiner Gegenwart Streit gegeben, da habe er es erfahren. *„Und dös Kind is ah net von dir"*, hatte die Freundin ihn aufgebracht angeschrien, heftig mit den Armen gestikulierend, den Zeigefinger auf ihn gerichtet. Leugnen war nun nicht mehr möglich, die rasende Nachbarin und Freundin packte aus. *„Wenn ich das gewusst hätte, wäre ich nie von daheim weggegangen"*, sagte er weinend. Aber er blieb noch einige Jahre mit dieser Frau zusammen.

Mit dem Motorrad fühlte Heinrich sich sehr selbstbewusst. Er, der Häuslerbub, der um zu essen zum Bauern zog und viel arbeitete, einer der Wenigen war er, der sich in viele Kehren legte, auf schmalen Wegen und Straßen, die sich von Petersberg aus ins Tal der Steinernen Mühl winden, ebenso nach der anderen Seite über den Ederhügel nach St. Johann, St. Peter, weiter ins Tal der großen Mühl, nach Neufelden, den Ort, zu dem er vierzehnjährig damals zu Fuß laufen musste. Lustvoll setzte er sich an Sonntagen, nachdem die Stallarbeit getan war, auf sein Motorrad, fuhr durch die Gegend, auch zur Kirche, danach zum Frühschoppen, zu Tanzereien, Kirtagen, Zeltfesten, überall dort hin, wo etwas los war. An Werktagen traf er sich abends mit Freunden zum Fensterln, natürlich nicht mehr mit dem Fahrrad. Das machte doch was her! Was werden die Mädchen sagen? Sicher werden sie beeindruckt sein! Nur, so ein Motorrad kann seinen Fahrer auch ganz schön ärgern, wenn es nicht anspringt. Der Bauer Staffenberger in St. Veit liegt auf einer Anhöhe. *„Es wird kein Problem sein"*, dachte Heinrich, *„den Weg hinunter springt es schon an."* So war es aber nicht. Also den Vorgang wiederholen. Wieder nichts. Nach mehrmaligem Hinaufschieben und Hinunterrollen war es bereits zu spät für's Fensterln. Verärgert ließ er sein Vorhaben fallen und ging schlafen. Einen Mechaniker in der Nähe gab es noch nicht, er musste jemand finden, der in dieser Sache kundig war. Für die Besen-Geschäfte verwendete er es nicht, das Fahrrad war dafür besser geeignet. Mit der Bahn und für andere Fahrgelegenheiten konnte er es mitnehmen, viele Besen ließen sich darauf mit Seilen befestigen.

Als Heinrich neunzehn Jahre alt war, verließ er den zweiten Bauern, bei dem er drei Jahre gearbeitet hatte. Er hatte Geld gespart und übernahm das Elternhaus an Stelle seiner Schwester Maria, die als Erbin vorgesehen war, das Erbe auch bereits angetreten hatte. Geld war nicht vorhanden, woher auch, sie hatte ein Kind, half der Mutter die Grundstücke zu bewirtschaften. Ihr Mann unterstützte sie nicht. Arbeit war nicht gerade ein Hobby für ihn, eher schon Alkohol und Raufereien, öfter das Gefängnis von innen. Maria hätte jedem der Geschwister zweitausend Schillinge als Erbe ausbezahlen sollen. Sie war daran, das Häusl mit dem Grundstück zu verkaufen und auszuhandeln, dass die Mutter weiterhin dort wohnen könne. Da griff Heinrich ein. Von ihm erhielten die Geschwister auch nicht alles auf einmal, aber nach und nach wurden alle ausbezahlt. An Maria zahlte er freiwillig das Doppelte, damit sie auf jeden Fall einverstanden war, als Erbin zurückzutreten. Heinrich wollte keinesfalls, dass die Mutter durch den Verkauf zu fremden Leuten käme. Im Übergabevertrag ließ er für sie lebenslanges Wohnrecht und Essen festschreiben. Die Mutter machte ihm gerne und fleißig alle häuslichen Arbeiten.

Mit Heinrichs Heimkehr fand Mutters Not ein Ende. Lebensmittel fanden sich wieder in ihrer Küche. Nicht nur, was das Sacherl hergab. Sie konnte gelegentlich beim Fleischhauer und Gemischtwarenhändler einkaufen. Heinrich erinnert sich besonders gerne an gebackene Speckknödel mit Sauerkraut, Leberschädl, manchmal Bratl, Geselchtes, davon die Suppe. Rahm- und Mehlsuppe mit Brot, Erdäpfelnudeln. Auch die Mehlspeisen hatten es ihm angetan. Wuchteln, Schifferl, Grießkoch, gebackene Mäuse, Zwetschgenknödel. Kraut und Erdäpfel standen nach wie vor auf dem Speiseplan, aber nicht nur. Kraut und Erdäpfel machten satt und hielten die Menschen gesund.

Auch wenn wir heute unsere Kost geändert haben, greifen wir mit wässrigem Mund manchmal auf diese geschmackigen Gerichte zurück.

Die beiden bewirtschafteten also das Sacherl. Heinrich, der daneben immer wieder, zusammen mit einem Freund, als Taglöhner bei großen Bauern in Eferding arbeitete, – allein auf die

Besen vertraute er noch nicht –, versuchte in Linz Arbeit zu finden. In St. Magdalena bei der Firma Rella konnte er schließlich anfangen. Genächtigt hatte er im Gasthof Haunschmied in Urfahr, mit dem Motorrad pendelte er zwischen den beiden Orten. Zu dieser Zeit gab es ein Gesetz, Landarbeiter durften nicht fix angestellt werden, sondern nur als Taglöhner. Ein Taglöhner wurde nicht angemeldet, hatte also keinerlei Versicherung, wurde jeden Tag ausbezahlt und der Fortbestand des Arbeitsverhältnisses war unsicher. Daher beendete Heinrich diese Tätigkeit bald wieder und kehrte zu seinen Besen zurück. Einmal noch versuchte er es. Die Baufirma Mayreder errichtete in Neufelden das große Müller-Wipperfürt-Gebäude für Modeerzeugung. Wieder als Taglöhner durfte er Bagger schmieren, später das Baggerfahren erlernen. Dann kam die endgültige Wende. Die Lenzing-AG bestellte bei Heinrich fünfhundert Stück Besen. Somit ließ er den Nebenerwerb bei Firmen fallen und beschloss, immer selbstständig zu bleiben. *„Das habe ich nie bereut"*, beteuert er, *„und immer daran denken: wenn man will, geht viel."*

Das Fahrrad war zu jener Zeit kein Sportgegenstand um fit und gesund zu bleiben, Geselligkeit und Natur zu erleben, wie das heute oft der Fall ist. Es diente einfach der schnelleren Fortbewegung. Heinrich nutzte es auf Rückwegen von Graz, Innsbruck und anderen Orten, zu denen er mit dem Zug gereist war. Um sein Geschäft auszuweiten, radelte er kreuz und quer, ohne Straßenkarte, gelenkt von seinem Gespür für Geschäfte. Manches Mal gab es Schwierigkeiten einen Schlafplatz zu finden. Konnte er bei Bauern nicht unterkommen, weil die Herberge schon voll war, suchte er einen Heustadel auf. Ermüdet fiel er ins Weiche und schlief ein. Vor Müdigkeit ruhte er einmal sogar auf einem harten Lager. In dem Bauernhaus, das er schon öfter aufgesucht hatte, gab es einen Trauerfall. In der großen Stube war Totenwache, Verwandte, Nachbarn und Freunde füllten das Haus. Die laute, klare Stimme des Vorbeters drang ans Ohr, dann das vielfältige, kaum verständliche, aber bekannte Gemurmel: *„Heilige Maria, Mutter Gottes, bitte für uns, jetzt und in der Stunde des Todes."* Heinrich setzte sich wieder auf's Rad. In der aufkommenden Dunkelheit sah er etwas wie einen Stadel. Es war aber keiner. Es war eine Hütte, in der Bretter lagerten. *„Ein wenig Schlaf werde ich schon finden“,* überlegte er. Kaum hatte er sich zurecht gerichtet, kamen Trauergäste vorbei und sahen das Fahrrad. Sie blieben stehen, schwenkten von den Gesprächen über den Toten, dessen endlich beendetem Leiden, zu der harmlosen Entdeckung, hinter der alles Mögliche lauern konnte, Gefahr nicht ausgeschlossen. Lautstark tauschten sie ihre Vermutungen aus. *„Wenn sie das Rad mitnehmen, schau ich dumm aus“,* sorgte sich Heinrich. Endlich gingen sie weiter und ließen das Fahrrad zurück. Nochmals richtete er die Jacke, legte den Kopf darauf und schlief ein wenig. Sobald er genug sehen konnte, machte er sich auf den Weg um weitere Aufträge. Am Wochenende wollte er wieder zuhause sein, alles genau zusammenschreiben, besorgen, was er brauchte. Am Sonntag ging er zur Kirche, danach zum Frühschoppen.

Ein anderes Mal, als er auch einen Heustadel aufsuchte, und ein paar Schritte im Dunkeln tat, trat er auf etwas Festes, keineswegs Heu. Schnellstens jagte die Furcht ihn hinaus, er radelte davon, so schnell er konnte. *„Wahrscheinlich war es auch nur ein Müder, so wie ich selbst“,* überlegte er, nachdem er wieder zur Ruhe gekommen war. Für diesen Tag blieb jeder Heustadel unheimlich, gibt es doch im Salzburgischen und auch in Tirol, – kein Wunder wär’s, ebenso in der Steiermark –, viele gespenstische Heustadel-Geschichten. Von Erhängten und deren Geistern handeln sie, von Selbstmördern, von versteckten Verbrechern, von alten Frauen, denen die Geister sich zeigen und Botschaften vermitteln, arme Seelen, die Hilfe in Form von Gebet suchen, die Hände immer wieder bittend aneinander legen. Eine alte Frau erhielt die Nachricht, beide Töchter des Nachbar-Bauern werden ins Kloster gehen, was sich tatsächlich erfüllte. Sie hatte gesehen, wie zuerst die ältere Tochter im Kreis ging, mit beiden Händen eine Obstschale über den Kopf hob, als ob sie diese opfern wolle, danach die jüngere. Kinder auf ihren Schulwegen liefen damals so schnell als möglich an den Stadeln vorbei, den Blick zu Boden gesenkt, in der Furcht ein solch armes Geschöpf zu sehen.

Einmal passierte es, Heinrichs Zug nach Innsbruck hatte Verspätung. Die Quartiere, die er normalerweise aufsuchte, waren alle schon ausgebucht. Mit dem Rad fuhr er zum Bahnhof, wo er zu übernachten gedachte, kam dort mit Leuten ins Gespräch und erzählte von seinem Verhängnis. *„Kannst bei mir schlafen"*, meinte einer ganz unumwunden. Seine Wohnung bestehe aus zwei Zimmern mit je einem Bett. Heinrich nahm an. Er freute sich über die Gastfreundschaft. Selbst war er ja auch hilfsbereit und gastfreundlich. Doch mitten in der Nacht kam der freundliche Mensch ins Zimmer, legte sich zu Heinrich ins Bett und fing an, an ihm herum zu nesteln. Dieser, schlaftrunken, wusste nicht, wie ihm geschah. *„Lass mich in Ruh!"*, wehrte er sich heftig. Schließlich sah der andere von dem Übergriff ab und beschwor sein Opfer, niemandem etwas davon zu sagen. Nachdem sich beide beruhigt hatten, der Gastgeber ein Versprechen abgeben hatte Heinrich in Ruhe zu lassen, und dieser eines, nichts zu sagen, schliefen sie, jeder in seinem Bett, wieder ein. Am nächsten Morgen, als sie das Stiegenhaus hinunter gingen, schien es Heinrich, eine Frau, die gerade putzte, schaue neugierig und recht eigenartig, mit einem schiefen Lächeln. Der Gastgeber lud Heinrich noch zu einem ordentlichen Frühstück bei einem Imbissstand ein und beschwor ihn abermals zu schweigen.

Ein anderes Mal ging es etwas erfreulicher zu. Heinrich nächtigte oft in Timmelkam, immer im gleichen Gasthof. Den Abend verbrachte er regelmäßig in der Gaststube, wo mehr oder weniger immer die gleichen Gäste zukehrten, auch Handelstreibende. Es wurde geplaudert über dieses und jenes –, Smalltalk, wie wir heute sagen –, und Erfahrungen wurden ausgetauscht. Dort kehrte häufig eine Dame zu, auch eine Händlerin. Der junge Heinrich, ein kraftvoller Bursche von Arbeit und Rad fahren, fesch, beliebt seiner angenehmen Art wegen, gefiel ihr. Eines solchen Tages wünschte sie früher als alle anderen eine gute Nacht. Als Heinrich zu seinem Zimmer aufbrach fand er sie auf dem Gang vor den Fremdenzimmern auf und ab gehen. Was sie da tue, meinte er. Sie griff das Thema, das in der Gaststube aufgekommen war, erneut auf, sie diskutierten es noch ein wenig weiter. Heinrich war müde, wollte nicht weiter auf dem Gang stehen und meinte, ob sie nicht in einem der Zimmer weiterreden könnten. Das geschah im Zimmer der Dame.

Sie erzählte ihm, sie vertrete Unterwäsche, *„und ich Besen"*, so Heinrich. Ob sein Chef zuhause sei, fragte sie. Er lachte und sagte: *„Ja."* Was weiter geschah bleibt ein Geheimnis.

Eines der Gasthäuser –, der Wirt besaß auch eine Fleischhauerei, es steht in Stegen Gosau –, in dem Heinrich auch immer wieder zukehrte, Besen verkaufte, war, als er ankam, voll mit Festgästen. Alles war belegt, auch das Zimmer der alten Wirtin. Kurz entschlossen ließ der Wirt im Saal, den die Gäste bereits verlassen hatten, anstelle von einem, zwei Betten aufstellen, eines für seine alte Mutter, eines für Heinrich, den der Wirt gut kannte, dem er nicht zumuten wollte weiterfahren zu müssen. So konnte er sein Fahrrad an der Hauswand lehnen lassen, musste sich nicht erneut aufmachen und nach einer Schlafgelegenheit suchen. Die Alte störte es nicht viel, Heinrichs Peinlichkeit wich dem Schlaf.

Sein erstes Auto erwarb Heinrich im Alter von neunzehn Jahren. Das war damals eine Besonderheit. Niemand hätte sich vorstellen können, dass eine Zeit kommt in der jedes Familienmitglied ein eigenes Auto fährt. 1950 gab es in Österreich 48.453 registrierte PKWs. 1958 schon ungefähr sieben Mal mehr, was trotz diesem Aufschwung bedeutete, kaum jeder Zwanzigste konnte sich einen motorisierten Personenwagen leisten. Heinrich war ab 1955 stolzer Autobesitzer. Von da an konnte er selber hinfahren, wo er wollte, war auch nicht mehr angewiesen auf den Holzvergaser-Lastwagen, der zwischen Helfenberg und Rohrbach verkehrte.

Gegen Ende des Krieges und auch danach wurden viele Lastwagen, auch PKWs, auf Holzvergaser umgerüstet. Der Krieg fraß nicht nur Menschen, Nahrungsmittel, er fraß fast alles, was gebraucht wurde, natürlich auch das Benzin. Auf der Ladefläche der LKWs wurde ein Ofen, ein Holzvergaser, aufgebaut, mit Hartholz beschickt, aus dem sich durch die bestimmte Art des Heizens Gas löste und das Fahrzeug antrieb. An PKWs war das Ungetüm hinten angeschweißt. Während der LKW-Fahrt besorgte eine Person auf der Ladefläche das Nachlegen und Absperren des Ofens. Das aus drei Kilogramm Buchenholz gewonnene Gas, ersetzte einen Liter Benzin. Hartholz, für die Holzvergasung getrocknet und auf die richtige Größe zerkleinert, wurde als Tankholz bezeichnet, in Tankholzwerken produziert und auf Vorrat angelegt. Waldbesitzer auf dem Land verwendeten auch ihr eigenes Hartholz.

Für Zusteigende wurde eine Leiter über die rückwärtige Bordwand auf die Straße hinuntergehoben, an der Bordwand eingehängt. War das Einsteigen geschafft, fanden sich Bänke, wie heute in Bierzelten, aber ohne Überdachung. Das Aussteigen war keinesfalls bequemer. War die rückwärtige Bordwand auch nicht so hoch, wie die seitlichen, die zum Schutz in der Höhe eines Balkon-Geländers angebracht waren, musste doch ein großer Schritt gewagt werden, hinaus auf die Leiter. Nicht alle Mitfahrenden waren von jugendlicher Beweglichkeit. Im Winter wurden die Muskeln kalt und unbeweglich, die Nase rot, die Hände gefroren, die Kittel und Hosen nass und steif, die Leiter eisig. Genagelte Schuhe waren von Vorteil. An Spaß fehlte es nicht. Scherze flogen hin und her, es wurde viel gelacht.

Bequem, schweigend und humorlos sitzen wir heute in geheizten Bussen, das Handy parat, und denken nicht daran, wie schwer es für Menschen damals war. Frieden macht vieles möglich, Krieg alles unmöglich. Menschen sind stark. Im größten Elend vergessen sie nicht, immer wieder auch zu lachen. Heute starren wir eher belanglos vor uns hin, der Nächste interessiert uns wenig, die Fahrt dauert uns zu lang.

Mit Bahn und Fahrrad war Heinrich wegen seiner Besen viel herumgekommen, unter anderem auch zu einem Fahrzeughändler in Hallein. Dort stand ein VW Jeep zum Verkauf, der noch aus dem Krieg stammte. Einen PKW-Führerschein besaß er schon. Das Fahrschul-Auto war ein Fiat 1400 mit Lenkradschaltung gewesen. In seinem Bekanntenkreis besaß niemand einen Traktor oder ein Auto mit H-Schaltung, wo er für sein geplantes Auto hätte üben können. *„Es wird schon klappen"*, dachte er, kaufte das Auto, meldete es auf der BH in Rohrbach an und machte sich mit den Nummerntafeln und Papieren per Zug auf nach Hallein um das Auto abzuholen. Der Händler fuhr übungsmäßig ein wenig mit ihm, riet ihm danach, mit dem dritten Gang nach Hause zu fahren, was Heinrich anfangs auch tat. An Straßenkenntnissen fehlte es ihm nicht, diese hatte er schon mit dem Fahrrad erworben.

Auf der Bundesstraße fuhr er nach Salzburg. Von dort gab es schon die neue Autobahn bis Mondsee. Weiter ging's nach Frankenmarkt. Da es dunkel wurde, stellte er das Fahrzeug vor einem Gasthof ab, wo er geschäftlich zu tun hatte und auch übernachtete. Als er am nächsten Morgen wegfahren wollte, war das Fahrzeug vorne zugeparkt. Er hätte unbedingt den Rückwärtsgang gebraucht, fand ihn aber nicht. Rückwärts üben, daran hatten sie nicht gedacht, nicht der Händler, nicht Heinrich. Er musste also abwarten und das hatte gedauert, bis ein anderer PKW wegfuhr, damit er vorwärts weiterfahren konnte.

Nach Wels und Eferding zur Donaufähre Aschach fuhr er schon recht gut. Auf den vierten Gang schaltete er. Das war zu jener Zeit der höchste. Weiter ging's über Gerling und Herzogsdorf. Dann geschah es. In der Gesselreib, wo Herr Gessel, ein Uhrmachermeister, sein Haus stehen hatte, in einer Linkskurve, schlitterte Heinrich mit seinem Jeep auf die Böschung, wieder zurück auf die Straße, darüber hinab in einen Erdäpfelacker. Dort blieb das Fahrzeug stehen. Wieder hätte Heinrich den Rückwärtsgang gebraucht, den fand er aber erst zuhause.

Zum Glück waren zwei Wegmacher unterwegs, die er kannte. Mit deren Hilfe drehte und schob er das Fahrzeug so weit in die richtige Richtung um vorwärts weiter fahren zu können. Die beschädigten Kotflügel seines gerade gekauften Autos, das ihn so freute, auf das er stolz war, taten ihm bitter weh. Weit war es nicht mehr nach Hause. Dort angekommen, klopfte er sofort die Dellen aus. *„Da Greazweil hat sei Auto scho beim Hoambringa ruiniert"*, wollte er nicht so gerne hören. Weiter war Gott sei Dank nichts passiert.

„Das war für mich die große Lehre, vor der Kurve das Tempo zu verringern", sagt er heute lachend. *„In meiner fünfzigjährigen gewerblichen Geschäftszeit habe ich verschiedene große LKWs gehabt, mit Kipper, Kran, direkt aufgebauter Waage zum Eiseneinkauf, bin damit bestimmt fünfzig Mal um die Erde gefahren, ohne einen einzigen von mir verschuldeten Unfall"*, fügt er gerne hinzu. Er habe aber sehr

viele grauenhafte Unfälle, auch mit tödlichem Ausgang gesehen, das habe ihn zur Vorsicht bewogen.

In Steinbruch bei Neufelden gab es eine Schmiede, Hermann Stürmer, und eine Wagnerei, Rudolf Ott. Die beiden Unternehmen sind Nachbarn und Heinrich ließ sich von diesem Gespann eine Ladefläche auf den Jeep aufbauen, war somit nicht mehr auf Zug, Fahrrad oder Fuhrunternehmen angewiesen. Mit Freude lieferte er seine Besen selber. Nicht einmal eine Typisierung war von Nöten. „Besentransporter" wäre doch ein passender Name gewesen.

Auch die Mutter brauchte sich keine Gedanken mehr zu machen, wie sie es bewerkstelligen könnte, ihre Kinder und Enkel zu besuchen. Es war üblich, den Enkelkindern um Allerheiligen eine Ahnlsach zu geben. Der Allerheiligen-Striezel hat sich ja bis heute gehalten. Dazu gab es Nüsse, oder auch Obst aus der eigenen Ernte. *„Im Jahre 1956, es war ein Sonntag"*, so berichtet Heinrich, der damals gerade zwanzig Jahre zählte, *„fuhren meine Mutter und ich mit der Großelterngabe nach Wildberg, wo Bruder Franz mit seiner Familie lebte. Während wir Malzkaffe tranken und plauderten, begann es zu schneien. Als wir uns, rechtzeitig für den Stall, wieder auf den Nachhause-Weg machten, trat nach kurzer Strecke am Jeep ein mechanischer Schaden auf. Ich konnte nicht mehr weiter fahren. Heftiger Schneefall kleidete uns weiß. Da ich in der Nähe eine Bushaltestelle wusste, machte ich mir weiter keine Sorgen. Öffentlichen Verkehr nach St. Johann gab es von dort nicht mehr, aber einen Bus nach Urfahr. Von dort kommen wir schon nach Hause"*, meinte Heinrich, der Optimist. Das aber war weit gefehlt. Sturm setzte ein. Von Urfahr fuhr noch ein Bus ab. In Zwettl mussten alle aussteigen, das Weiterfahren war unmöglich geworden. So gingen sie, wie andere Fahrgäste auch, zu Fuß weiter, in Richtung Oberneukirchen. Auf dieser Strecke waren einige vom Stapfen im Schnee schon so müde geworden, sie klopften an Haustüren, baten um Herberge, die ihnen gewährt wurde. Heinrich und seine Mutter schafften es mit großer Mühe bis Waxenberg. In den Trittspuren ihres Sohnes, hatte die erschöpfte Frau einen Fuß vor den anderen gesetzt. Heinrich wusste einen Bekannten, Herrn Feichtl, der ein Haus besaß, klopfte und die Mutter wurde von der Familie freundlich aufgenommen. Allein kämpfte Heinrich, im dichten Schneegestöber, weiter. Niemand war zuhause, der die Tiere hätte versorgen können. Schweine und Kühe brauchten Futter, letztere mussten gemolken werden. Heinrich, der die Gegend gut kennt, suchte in der von Schnee eingeebneten Landschaft, – auch Straßen und Wege unter tiefem Weiß –, die kürzeste Strecke aus. Er nahm die Straße durch den Waxenberger Wald. *„Der Schneefall und der Sturm waren so heftig, ich konnte kaum etwas sehen. Das Schlimmste waren die Bäume, die dem Schneedruck nicht mehr Stand hielten. Einmal krachte es vor mir, einmal hinter mir. Dass es mich nicht erschlagen hat, ist ein Wunder. Weglaufen hätte ich wegen des tiefen Schnees ja nicht können. Die umgestürzten Bäume, die ich umgehen oder überklettern musste, wurden immer mehr. Ich versank im Schnee. Ich rappelte mich wieder und wieder auf. Ich war voll von Schnee, im Nacken, in den Schuhen. Schnee türmte sich auf meinem Kopf wie ein spitzer Hut, die Hände schmerzten."*

Hatte er eine Haube oder eine Kappe, Schal und Handschuhe gehabt? Für die geplante Autofahrt? Eher nicht. Heinrich kämpfte sich vorwärts, es wurde Mitternacht, es wurde zwei Uhr, drei Uhr, fünf Uhr. Das Dunkel der Nacht, der heftige Wind, der dicht fallende Schnee, das Ächzen und Krachen der Bäume, dagegen sein unbeugsamer Wille. Endlich wich die Finsternis dem Morgengrauen. Heinrich war schweißgebadet, todmüde, der Kopf ohne Gefühl, schmerzhaft die Hände, kaum noch die Kraft, die Beine aus dem Schnee zu ziehen. Schritt für Schritt versanken sie erneut bis zum Rumpf in dieser unglaublichen Masse. Weiter, weiter. Stunde um Stunde rang er, Meter für Meter. Neun Uhr. Zwölf Uhr mittags. Kein Gefühl für Hunger. Nur vorwärts. Bein aus dem Schnee, Schritt setzen, Schnee bis über den Oberschenkel. Endlich das Zuhause in Sicht. Um drei Uhr nachmittags erreichte er sein Ziel und ging sofort in den Stall. Erstaunlich! Die Tiere wirkten zufrieden. Sie waren gefüttert, die Kühe gemolken. Wer hatte das getan? Die aufmerksame Hoferbäuerin hatte keinen Rauch aus dem Kamin des Schauflerhäusls kommen sehen. *„Dort stimmt etwas nicht."* Besorgt hielt sie Nachschau. Keine Öllampe flackerte hinter den Fenstern, ihr Rufen hörte niemand. Das Vieh war unruhig. Sie tat am Abend, was zu tun war, und kam wieder am frühen Morgen. Nie wird Heinrich die Hoferbäuerin vergessen. Die Mutter konnte er erst am dritten Tag, mit einem geliehenen Pferdegespann, heim holen.

Zusammen mit der Mutter machte Heinrich, der auf seinen Jeep stolz war, – eines der wenigen Fahrzeuge in der Gegend –, immer wieder einmal einen Ausflug. Sie liebte die Wallfahrtsorte. Sie besuchten den Pöstlingberg, Mariazell, Maria Pötsch und andere. *„So habe ich meiner Mutter, nach ihrem harten Dasein, schöne Erlebnisse vermittelt, die sie sehr freuten und sie war so dankbar dafür."* Auch andere Ziele strebten sie an, wie die Ruine Pürnstein, Orte, wie Bad Leonfelden, Freistadt, Plätze in der Umgebung. Plätze, die sie aus ihrer Jugend kannte. Mit Vater, Hund und beladenem Ziehwagen war sie damals fröhlich unterwegs gewesen.

Zweieinhalb Jahre erfreute er sich an diesem Fahrzeug. Bei einem nicht von ihm verschuldeten Unfall in Ebensee, verlor er es. Es war schrottreif. Ein schlimmer Tag für den zielstrebigen Heinrich. *„Ich will aus der Armut heraus!"* Daran hielt er eisern fest.

Nun war guter Rat teuer. Heinrich hatte das Elternhaus übernommen, die Geschwister ausbezahlt und zehntausend Schillinge Ersparnisse. Er brauchte wieder einen Lieferwagen, fand auch einen passenden in Gmunden, der achtzehntausend Schillinge kostete. Als Häusl- und Grundbesitzer ging er zur Raiffeisenkasse um achttausend Schillinge Kredit aufzunehmen. Ohne Bürgen gehe da nichts, erfuhr er. Mit dieser unerwarteten Absage kehrte er nach Hause zurück. *„Mein Häusl, die Wiesen, die Kühe, das Schwein. Der Wert ist doch weit höher, als diese Achttausend. Warum vertraut man mir nicht? Betteln um Bürgschaft?"* Schlussendlich blieb ihm nach allem Hin- und Herüberlegen nichts anderes übrig, wollte er nicht einen Rückschritt erleiden. Zum Nachbarn, Bauer Heinrich Hofer, war gute Freundschaft vorhanden. Heinrich wagte sich daran, diesen zu fragen. Mit Geldsachen habe er nie was zu tun gehabt, meinte der junge Bauer, der Freund. Das mache nach wie vor sein Vater, den müsse er fragen. *„Tu's lieber nicht"*, sagte dieser zu seinem Sohn. *„Ich habe schon viel in Geldangelegenheiten erlebt, das nicht gut ausgegangen ist"*.

So blieb Heinrich nichts anderes, als unverrichteter Dinge heim zu gehen. Am nächsten Tag fasste er erneut Mut und ging auf den Ederhügel, zum Ederbauern. *„Ich weiß“*, meinte dieser, *„wir sind sehr gut befreundet und du arbeitest fleißig, aber ich habe gerade den elterlichen Hof übernommen. Meine Geschwister bekommen Geld als Erbschaft, auch Grundstücke. Da tu ich mich nicht leicht. Alles ist im Grundbuch eingetragen, ich müsste alle fragen. Es tut mir sehr leid, Heinrich, aber ich mache das lieber nicht.“* Mit Verständnis für den Bauern und einer Enttäuschung mehr, ging Heinrich, schweren Herzens, den Hügel hinab.

Wieso die Bank ihm keinen Kredit geben wollte, war für ihn total unverständlich. Sein Besitz war doch weit mehr wert! Sein Einkommen höher als der Lohn der Arbeiter, die bei Firmen angestellt waren. *„Wie soll ich vorwärts kommen, wenn ich kein Geld leihen kann? Das Misstrauen ist schmerzlich. Holt mich meine Vergangenheit ein? Lastet sie für immer auf mir? Warum glaubt man mir nicht? Ich kann zurückzahlen! Bekommen nur seit jeher Wohlhabende Geld zu leihen? Warum wirft man mir Prügel vor die Füße?“* Viele Gedanken schwirrten durch seinen Kopf, vor allem der, aufgeben wolle er keinesfalls.

„Ich frage noch den Besl“, überlegte er. So querte er wieder die Wiesen, vorbei an dem Platz, wo er damals die Entscheidung von zuhause weg zu gehen getroffen hatte, stieg den Hang zum Bach hinab, auf der anderen Seite wieder bergauf, herum um das Gebäude zur vertrauten Haustüre.

Der Bauer hörte sich die Unfallgeschichte an, wunderte sich, wie Heinrich selber, warum die Bank ihm als Haus- und Grundbesitzer keinen Kredit gewährte, einen Bürgen verlangte. Auch von den Misserfolgen bei der Suche nach einem solchen, sprach er. *„Bua“*, sagte der Beslbauer dann, *„weil du viereinhalb Jahre bei mir warst und so fleißig gearbeitet hast, mache ich das für dich. Für einen anderen würde ich es nicht tun.“* Am nächsten Tag schlugen die Beiden zu Fuß den langen Weg nach St. Peter ein, zur Raiffeisenkasse. Das benötigte Auto war sein.

Wie schwer es zu dieser Zeit war an Leihgeld zu kommen, hat Heinrich geprägt. Er investierte in seine Firma, wenn er Geld hatte, nahm keine Kredite mehr auf.

Heinrich war voll ausgelastet mit Arbeit. Das Heuen seiner landwirtschaftlichen Grundstücke nahm anfangs viel Zeit in Anspruch. Mit der Sense mähte er frühmorgens so viel, wie möglich. Wenden mit dem Holzrechen, später zusammenrechen und auf dem Rücken einbringen, forderte Zeit. Die Sonne lachte auch nicht jeden Tag, so konnte die mühsame Arbeit auf dem Sacherl bis zu sechs Wochen andauern. Heinrich freute sich über jeden gelungenen Tag. Besonders freute er sich, als er sich einen Motormäher leisten konnte. Was für ein Fortschritt! Wie viel Gras er nun von früh morgens bis in den Vormittag hinein auf der Wiese umlegen konnte. Keine körperlichen Drehbewegungen, kein Wetzen der Sense, nur hinterher gehen und lenken. Wie ein Spaziergang schien ihm diese Arbeit nun. Nicht so sehr schweißgebadet wie zuvor. Sein eigenes Fleckchen, auf dieser Erde, freute ihn noch mehr, noch mehr liebte er es. Heimat. Mit beiden Füßen stehst du dort fest auf der Erde. Die Wurzeln. Du spürst sie. Von dort gehst du deinen Geschäften nach, in der Gewissheit, du kannst wieder nach Hause kommen in deine eigene Geborgenheit. Du kannst erneut Mut schöpfen. Drehst du dich um und schaust in die Vergangenheit, siehst du die Ahnen, die tapfer vor dir ihr Leben meisterten und nun hinter dir stehen. Der Großvater. Welch eine Kraft!

Soweit lief es gut im Schauflerhäusl, aber nicht immer verlief alles nach Wunsch. Zu der Zeit als Heinrich das elterliche Anwesen übernahm, gab es nur eine Kuh im Stall, Scheckö. Bald kaufte er eine zweite dazu, Uschi, damit immer Milch, Butter und Käse vorhanden waren, wenn eine der beiden tragend ging, was bei Scheckö gerade der Fall war. Begann eine Kuh zu kalben wurde immer wieder Nachschau gehalten, Nächte oft im Stall verbracht. So auch bei Scheckö. Als es so weit war, holte Heinrich noch einen Nachbarn dazu, den Baun Seppl, der viel Erfahrung in diesem Belang, und die entsprechenden Arbeiten gut im Griff hatte. Sobald die Beine des Kalbes sichtbar sind wird ein Strick darum gebunden und das Kalb vorsichtig herausgezogen um der Kuh nichts einzureißen. Es stellte sich bei Scheckö heraus, das Kalb lag nicht richtig, es musste umgedreht werden um es ziehen zu können. Der Baun Seppl versuchte das

Kalb in die richtige Lage zu bringen, es gelang ihm aber nicht. Der Bauer Grundtaler aus St. Johann, auch Heinrich mit Vornamen, war bekannt für besondere Kenntnisse in solchen Fällen. Heinrich beeilte sich diesen mit seinem Fahrzeug zu holen. Er drehte das Kalb. Es war tot, als es endlich geboren war. Der Kuh schien es den Umständen gemäß zu gehen. Es war ihr nichts Besonderes anzumerken. So verließ Heinrich den Stall um den Helfer wieder nach St. Johann zu fahren. Unterwegs meinte dieser, sie hätten beide heute Namenstag, sie könnten sich noch eine Halbe beim Holy Wirt gönnen, was sie auch taten. *„Der Kepplingerwirt heißt auch Heinrich"*, wusste der Grundtaler, *„dem gratulieren wir auch noch."* Dieser freute sich, zu dritt kippten sie eine weitere Halbe, eingeladen vom Wirt. Als Heinrich endlich nach Hause kam sagte die Mutter: *„Die Kuh ist tot. Wahrscheinlich hat sie beim Drehen des Kalbes innere Verletzungen erlitten und ist verblutet."* Es war doch kein so fröhlicher Namenstag gewesen, sondern ein ordentlicher Schaden. Heinrich hat sich, lange Zeit, den Vorwurf gemacht: *„Wär' ich doch in keines der Gasthäuser gegangen, hätten wir die Kuh abstechen können und das Fleisch verkaufen. Wegen meiner Sorglosigkeit, hatte ich zwei Kadaver im Stall, die mühsam entsorgt werden mussten."*

Im Jahre 1962, er war sechsundzwanzig Jahre alt, erwarb er seinen ersten Gewerbeschein für die Erzeugung von Birkenbesen, sowie die Wandergewerbebewilligung, die ihn berechtigte zum Ein- und Verkauf von Gebrauchsgegenständen, Handel mit Häuten, auch zur Durchführung der Klauenpflege, was er aber nie tat.

Neben der täglich anfallenden Arbeit auf seinem kleinen Hof band er über den Winter, mit einem zeitweiligen Helfer, dreißigtausend Besen. Zehntausend kaufte er von Bauern dazu um die Aufträge bedienen zu können. Geredet wurde nicht viel. Die Beiden arbeiteten im Akkord. Keiner wollte zurückbleiben. Nächtelang saß Heinrich bei der Arbeit. Gegen Morgen schlief er ein paar Stunden, aß ein paar Bissen und schon fand er sich wieder auf dem Stuhl neben dem Reisighaufen und den Drahtspulen. Besenstiele, gedrechselt aus Buche, bezog er von einem holzverarbeitenden Betrieb in Gampern. Zuhause spitzte er diese mit der Kreissäge zu, steckte sie in die fertigen Besen, schlug einen Nagel durch Stiel und Bunddraht, so konnte sich der Besen nicht mehr verdrehen. Auch das Reisig der gebundenen Besen wurde mit der Kreissäge gekürzt. Der Verkauf dehnte sich mit der Zeit auf ganz Österreich aus. Mit Lastwagen und Bahn ließ er die Besen zu Lagerplätzen bringen, größere Mengen wurden vom Käufer selbst abgeholt, bis zu zwanzig Stück lieferte er von dort mit dem Fahrrad selbst aus.

Annoncen in Gewerbezeitungen machten sich bezahlt: „Grünzweil Birkenbesen überall gut bewährt. Schriftliche oder telefonische Anmeldung, bzw. Bestellung erwünscht." Ebenso warb er in der Bauernzeitung um Reisig, das sparte ihm viel Zeit.

Die Großabnehmer von Besen waren hauptsächlich verschiedene Erzeugerfirmen, wie Voest Linz, Voest Liezen, Papierfabriken in Nettingsdorf, Lenzing, Steyrermühl, Laakirchen, die Steyr-Werke in Steyr und Graz, Straßenmeistereien, Lagerhäuser, Brauereien wie Stiegl Salzburg, Kaltenhausen bei Hallein, Zipfer, OÖ BrauAG, Zementwerk Gmunden und Kirchdorf, das Eternitwerk in Vöcklabruck, Sägewerke, viele kleinere Betriebe und Gemischtwarenhandlungen. Große Firmen, wie die Voest zum Beispiel, bestellten gleich dreitausend Besen, oft ohne Stiel, dieser war vom verbrauchten Besen noch vorhanden. Bis Mitte, zum Teil Ende, der Sechzigerjahre kauften die Firmen und Händler, auch die Voest.

Einige Zeit nachdem Heinrich das Elternhaus übernommen hatte, kümmerte er sich um den Stromanschluss. Leitungen und Dachständer waren bereits vorhanden, Strom gab es aus Geldmangel nicht. Die Mutter und die Schwester Maria, die ursprünglich vorgesehene Erbin, konnten das Geld für den Anschluss nicht aufbringen. Als Heinrich wieder genug Besen erzeugt und verkauft hatte, konnte er, – wieder ohne Kredit –, die Anschlussgebühr von zwölftausend Schillingen und die weiteren Notwendigkeiten bezahlen. Die Petroleumlampe konnte in Teilpension gehen, wurde nur dort gebraucht, wo das Wunder Licht noch nicht hingekommen war.

Im Ort Bad Goisern sah Heinrich das erste Mal einen laufenden Fernseher. Ungewöhnlich viele Leute im Alltagsgewand strömten in ein Gasthaus. Also keine Hochzeit, kein Begräbnis. *„Da muss was Besonderes los sein, das muss ich mir anschauen!"* Das noch recht kleine schwarz-weiß-Bild, das ein Schirennen zeigte, begeisterte die Leute und auch Heinrich. Früher horchten die Sportbegeisterten angespannt Radio. Und nun konnten sie sehen, wie Schifahrer über die steilen Hänge sausen, Fußballer laufen, dribbeln, Tore schießen. Hatte man allerdings den unvergesslichen, unerreichbaren Sportreporter Edi Finger mit seiner emotionalen Stimmgewalt im Radio gehört, brauchte man absolut kein Fernsehbild, man schnellte auch so vom Sitzen empor. Sein Lied *„I wear narrisch"*, zum Wunder von Cordoba, 1978, trällerte damals überall.

Als wieder genug Besen verkauft waren, gab es auch im Schauflerhäusl einen Fernseher, den einzigen weit und breit. Die Nachbarn und Bekannten versammelten sich dort im alten Häusl, in der Stube, in gemütlicher Atmosphäre bei Heinrich und seiner Mutter.

Die Einnahmen aus dem Besengeschäft erlaubten Heinrich das kleine Elternhaus zu vergrößern. Auf dem ebenerdigen Gebäude ließ er drei große Zimmer und ein Bad errichten. Zwei Zimmer fertigte er aus, eines blieb noch im Rohbau, in dem er von nun an die Besen band.

Das Schauflerhäusl

Der Großvater

Die Eltern

Der Vater

Der Hüterbub

Heinrich mit seiner Mutter

Heinrich auf seinem Motorrad

Heinrichs jüngerer Bruder Adolf, den er, als dieser zwölf Jahre alt war, zum Bauern Staffenberger in St. Veit geholt hatte, wo er selber Knecht war, machte der Mutter Sorge und auch Heinrich war beunruhigt. Nach Beendigung der Schulzeit fand Adolf Arbeit bei Baufirmen in der Umgebung. Wohnen konnte er bei Heinrich und bei der Mutter. Ein Vierzehnjähriger auf Baustellen hat sicher nicht viel zu lachen. Noch dazu, wenn er sensibel ist. Einen Traumberuf hatte kaum jemand. Wer arm war, hatte nicht einmal einen Traum von einem Beruf. Schnell unterkommen mussten sie irgendwo, für den allernotwendigsten Lebensunterhalt. Viele bei Bauern, die damals noch Arbeitskräfte brauchten, wo Essen und Wohnen vorhanden war. Überkommen, also es selbstständig zu etwas bringen, was Heinrich erreicht hatte, auch damals sein Großvater auf vielfältige Weise, ebenso der Vater, wenn der die Familie auch darben ließ, gelang nicht all zu vielen.

Später arbeitete Adolf in Linz-Urfahr, hatte dort auch eine Unterkunft. Für ihn kam dann auch, als erstem aus der Grünzweil-Familie, die Einberufung zum Bundesheer. Seine zwei älteren Brüder waren zu der Zeit, als dieses eingeführt wurde, schon zu „alt“. Er war Panzerfahrer. Das sah die Familie als etwas Besonderes an und war stolz darauf. Danach arbeitete er als LKW-Fahrer bei verschiedenen Firmen, lebte nach wie vor in einem Zimmer in Linz-Urfahr. In seiner Freizeit geriet er an „Freunde“, die in Gaststätten herumlungerten und tranken. So etwas ist leicht vorauszusehen. Was soll ein junger Mann nach der Arbeit allein in einem Zimmer? Er war nicht einer, zu dessen Erziehung Bücher gehört hätten, und wenn, immer lesen kann auch niemand. Ein sehr guter Schüler soll er gewesen sein. Eine weiterführende Schule hätte seiner Entwicklung wahrscheinlich gut getan. Nun brauchte er Kumpel zur Unterhaltung, zum Witze machen, zum Lachen und um sich auszutauschen. Gesellschaft für die leeren, sinnlosen Abende, und Bier. Als fescher Mann zog er immer wieder Freundinnen an sich, für Beständiges war er schon zu sehr dem Alkohol verbunden.

Mehrmals war er an Raufereien beteiligt, was Abbauen von mitgeschlepptem Frust bedeutet haben mochte, den er nicht loswerden konnte. Wie auch? „*Als kleines Kind schon, bin ich dem Vater nichts wert gewesen. Außer, dass er mir diesen Namen, Adolf, umhängte. Er nahm mich nicht in die Arme, spielte nie mit mir, schaute mir nicht beim Wachsen zu. Er lobte meine guten Noten nicht. Er lobte mich überhaupt nicht. Er schimpfte mich auch nicht, nicht einmal das. Ich existiere gar nicht für ihn. Die Mutter war mit Arbeit überhäuft und musste um Essen betteln. Ich bin der Sohn von einem, der fortgegangen ist, dem alles andere wichtiger ist, als ich. Ich bin unwichtig, ich bin ein Nichts. Ich bin der Sohn einer Mutter, die betteln geht. Ich möchte im Bett liegen bleiben. Ich möchte nicht mehr aufstehen. Wozu auch? Ich möchte schreien: Hört mich, mich Nichts! Ruft mich bei diesem scheiß Namen, der mich Hänseleien ausliefert.*" Keiner ruft, keiner kommt, es interessiert keinen.

Geldstrafen, Arrest, was Aggression ja nicht mildert. Neuer Frust, neue Aggression. Was mir gut tut, was mich glücklich macht und wenn es nur die Sonne ist, oder auch der Regen auf meinem Gesicht, wem wurden solche Fragen schon gestellt? Nach ganz argen Vorkommnissen erntete Adolf vierzehn Tage Haftstrafe. Als er entlassen worden war, fuhr er nach Petersberg, zum Elternhaus, zu Heinrich auf Besuch. Dieser hatte schon oft darüber nachgedacht, wie er den Bruder von diesem schädlichen Umgang wegbringen könnte. Vielleicht, wenn dieser wieder ins Mühlviertel zöge.

In Hollerberg, Gemeinde St. Peter, hatte Heinrich ein Haus mit großem Obstgarten in schöner Landschaft erworben, das noch nicht ins Grundbuch eingetragen war. Für Heinrich war es eine Geldanlage. „*Wenn du es willst, kannst du es haben*", schlug er dem Bruder vor. „*Es ist günstig.*" Der Bruder kaufte das Haus tatsächlich. Von den fünfundsechzigtausend Schillingen, die es kostete, übernahm er dreißigtausend und fünfunddreißigtausend Schillinge lieh ihm Heinrich. Vier Jahre besaß er es. Nicht eine einzige Nacht verbrachte er dort. Der Sog, in der Stadt zu leben, war stärker als alles andere um ihn.

Was mag er gefühlt haben? „*Wie wird es mir ergehen in dieser Einsamkeit?*" Das Gebäude steht abgelegen. Vielleicht dachte er beim Kauf doch noch an eine spätere Familie, oder er könne sich etwas ausruhen dort, weg von den Turbulenzen, in die er geraten war. *„Bin ich leicht zu reizen gewesen? Haben die Kumpel damit gespielt? Es gibt Menschen, die andere heruntermachen müssen, weil sie selber klein sind und gibt es Menschen, so wie mich, die sich mit Fäusten verteidigen müssen, weil ihnen die innere Ruhe des Selbstwertes fehlt. Ich kann Selbstwert nicht kaufen. Habe ich als Kind nicht bekommen. Der verteufelte Alkohol! Wenn ich trinke, bin ich weniger angespannt, nicht so leer, dann geht es mir besser. Ja, ja, ich weiß: Besser, schlechter, bevor es ganz schlecht wird, trinke ich wieder. Hier in der Stadt bin ich anonym.*

Was ist schon los auf dem Land? Meine Schwestern, Ehefrauen mit Kindern. Tagein, tagaus das selbe. Kochen, waschen, putzen, sonntags in die Kirche. Wieder kochen, waschen, putzen. Sonntag. Wieder und wieder von vorne. Sich bescheiden, sparen, arbeiten, kaum etwas gönnen. Nicht darüber nachdenken. Am Ende sterben. Welchen Zweck hat all das?"

Sinnlosigkeit quälte ihn. Sein Hunger nach Leben drängte ihn nach Unterhaltung, nach einer Freundin, nach lachenden Menschen. Fehl am Platz fühlte er sich auf dem Land, eigentlich wo immer er war. Nichts davon war sein Leben. Was sein Leben gewesen wäre, wusste er nicht, fand er nicht. Die Unruhe blieb.

Im Lichte des erfolgreichen Bruders schloss er die Augen. Er lehnte ihn ab, er hasste ihn. Er sah sich als den zu kurz Gekommenen. Heinrich hatte es ehrlich und gut gemeint. Was er nicht bedachte, nicht wissen konnte: Gut Meinen ist schwer zu ertragen. Die Schwäche des anderen wird zu einem Schlag in dessen eigenes Gesicht, die Defizite für diesen besonders sichtbar, Hilfe als Herablassung erlebt. *„Lasst mich in Ruhe!"*, lautet der Schrei. *„Redet nicht hinter mir und geht zum Teufel mit eueren Ratschlägen!"*

Nachdem Adolf das Haus verkauft hatte und auch schon davor, meldete er sich kaum noch bei der Familie. Vom geliehenen Geld wurde nicht mehr gesprochen. Die Familie wünschte nur eines: Er möge ein glückliches, zufriedenes Leben finden. Von anderen Leuten hörten sie, Adolf sei mit seinem Auto im Mühlviertel gewesen. Er besuchte niemanden, kam nicht zu Familienfesten wie Hochzeiten, Geburtstagen, Begräbnissen.

Dann passierte etwas, das Heinrich sehr traurig machte. Adolf hatte einen Unfall gebaut, sein Auto war schrottreif. Zwei seiner

Kumpel lieferten es bei Heinrich ab, mit den vom Bruder beauftragten Worten: *„Das kannst du für das geliehene Geld behalten!"* Nicht um das Geld tat es Heinrich leid, das konnte er verschmerzen. An den Bruder dachte er, daran, dass er nichts tun konnte, nicht für die Beziehung, nichts gegen die Umstände.

Später lebte Adolf mit einer Freundin zusammen, die auch trank und daran zu Grunde ging. Als er 2017 mit siebenundsiebzig Jahren starb, wurde Heinrich als letztes lebendes Geschwister ausfindig gemacht. Adolf hatte sich abgeschottet. Für seinen Lebenswandel hatte er das gebraucht. Heinrich holte die Asche seines Bruders nach Hause in das Familiengrab.

Mit der Zeit gab es eine weitere Neuerung zuhause bei Heinrich. Einmal hatte Heinrich schon telefoniert. Wieder war er mit dem Fahrrad unterwegs zu verschiedenen Firmen gewesen, hatte nachgefragt, ob wieder Besen gebraucht würden und hatte Aufträge eingeheimst. Nach Steyrermühl fuhr er noch. Wie immer ging er auf das Eingangstor der Papierfabrik zu, meldete sich beim Portier, um wie gewohnt ins Magazin zu gelangen. Der Portier ließ ihn nicht hinein, so wie früher. *„Du kannst per Telefon nachfragen, ob Besen gebraucht werden"*, sagte er in bestimmender Weise, wählte die passende Nummer und drückte Heinrich den Hörer in die Hand.

Ein unangenehmes Gefühl für diesen, nicht zu sehen, mit wem er spricht. Fast zitterte er und wusste im Moment nicht, was er sagen sollte. Dann hörte er eine Stimme und es gelang ihm sein Anliegen vorzubringen und den Auftrag entgegen zu nehmen. Wie kurz angebunden schien es ihm. Das passte und passt nicht zu seinem Wesen. Heinrich fällt nicht mit der Tür ins Haus. Ein freundlicher Gruß, ein *„Wie geht's?"*, ein paar Neuigkeiten von beiden Seiten, Fragen nach diesem und jenem. Erst dann, in dieser angenehmen Atmosphäre, kommt das Eigentliche. Das ist nicht etwa Berechnung, Heinrich ist einfach so. Nach diesem ersten, doch noch gelungenen Telefonat, ging er auf Postämter und zu öffentlichen Zellen, sparte sich dadurch Zeit, lernte mit den Geschäftspartnern umzugehen, als stünden sie ihm gegenüber.

Nach zwei Jahren hatte er wieder genug Geld gespart und wünschte sich einen Telefonanschluss für das eigene Haus. Die Post sagte zu, wenn er alles selbst bezahle. In sieben Kilometern Entfernung gab es bereits einen öffentlichen Anschluss, beim Landwirt Reiter in Penning, daher würde hier keiner errichtet, hieß es. Zwei Komma acht Kilometer Zuleitung mussten gebaut werden. Das bedeutete die große Summe von fünfundsechzigtausend Schillingen für Heinrich. Für seine Geschäfte war telefonieren schon sehr wichtig geworden, so war Heinrich zufrieden. *„Wenn man will, geht viel“*, sagte er sich, wie so oft. Öffentlich war diese wichtige Einrichtung nicht, aber die Leute aus der Umgebung kamen, wenn ein wichtiges Gespräch anfiel. So nahm der Fortschritt in Petersberg seinen Anfang im Schauflerhäusl, in diesem immer noch nicht wohlhabenden Teil Österreichs, dem Mühlviertel.

„Heinrich, die laufenden Arbeiten werden mir langsam zu schwer“, sagte eines Tages die schon etwas alternde, abgerackerte Mutter. *„Wenn du halt in nächster Zeit heiraten würdest, eine junge Frau ins Haus käme und die Arbeiten übernehmen würde, wäre ich sehr froh.“* Das war natürlich auch sein Wunsch. Dazu hatte er ja auch aufgestockt. Da Heinrich ein geselliger Bursche war, sich auch gerne mit Mädeln traf, hatte er vor ein paar Jahren eine ernsthafte, vorausschauende Zukunft mit einer zu ihm passenden Liebe für kein großes Problem gehalten. Zwei Mal hatte er sich heftig verliebt, die jeweilige Familie ließ eine Verbindung nicht zu, der Grund war Heinrichs Vater.

Mehrere Jahre hatte dieser in seinem neuen Wohnort gelebt. Dann vernichtete ein Brand Wohnhaus und Stall. Er verkaufte das Vieh und zog mit seiner Lebensgefährtin in einen nur wenige Kilometer von St. Johann entfernten Ort. Dort bewirtschaftete er für seinen Unterhalt und den seiner Lebensgefährtin wieder ein kleines Sacherl, kaufte erneut Vieh. Für die Familie in Petersberg war das nicht gerade angenehm. Das fliegende Unglück war wieder in der Nähe. Nach allem, was passiert war, wollten sie ihm nicht begegnen. Das ging sich aber nicht aus. Heinrich war es gewohnt nach der Sonntagsmesse in eines der vier Gasthäuser, die es damals in St. Johann gab, zum Frühschoppen zuzukehren. Das war nicht nur des Bieres wegen, von dem er sich gerne ein Glas gönnte, sich auszutauschen war wesentlich. Der eine wusste dieses, der andere jenes, daraus ergab sich manche neue Einsicht, manche neue Anschauung und auch manches Geschäft. Die Frauen hatten die Sonntagspflicht schon mit der Frühmesse erfüllt, standen zuhause in der Küche, würzten mit Salz, Knoblauch und Kümmel, schälten Erdäpfel, formten Knödel, schnitten Kraut. Am Sonntag gab es Fleisch, so ferne welches im Haus war. Der Geruch von Kraut und Schweinsbraten erfüllte die Häuser mit Geborgenheit und Frieden. An manchen Sonntagen fand sich Heinrich auch in zwei, oder gar drei, der Gasthäusern, seltener in allen vieren. Überall saßen Bekannte und auch Unbekannte, die ab diesem Tag zu Ersteren zählten. Heinrich war von Kind an ein Netzworker, hatte er doch selbstständig den Bauern um die Wurzel gefragt und Schwammerl in Waxenberg verkauft.

Eines Sonntags ergab es sich – Heinrich saß mit mehreren jungen Männern um einen Wirtshaustisch – dass der Vater, in Begleitung die Gaststube betrat. Heinrich, der aufgeschaut hatte wie Menschen das tun, wenn jemand zur Tür herein tritt, fühlte sich elend. Die Familienschande war aufgetaucht und im Aufschauen hatten ihre Blicke sich getroffen. Wichtigtuerisch setzten die Beiden sich zu Bekannten. Ganz wohl dürfte der Vater sich nicht gefühlt haben, wusste er doch, wie konservativ Leute vom Land damals waren, zumindest nach außen hin. Über Kuckuckskinder wurde geschwiegen, es gehörte schon immer der Frau, wie die Schande auch, so ferne das bekannt wurde. Manchem Ehemann wurde es niemals inne und der andere schwieg. Was den zurückgekehrten Petersberger betraf, war bekannt, er hatte seine Familie dem Hunger ausgesetzt. Ohne zusätzliches Einkommen ernährte das Grundstück die Familie nicht.

Lautstark erklärte Herr Josef Grünzweil, er werde die ehemaligen Nachbarn besuchen und seine neue Frau vorstellen. *„Ja, komm nur“*, sagte keiner und nur einer: *„Zu mir brauchst nicht kommen.“*

Bei diesem Bauern tauchte er auch nicht auf, bei anderen schon, wie die Familie am Schauflerhäusl erfuhr. Die alten Kontakte knüpfen, war wichtig für ihn, für seine neuerlichen Geschäfte. Demütigungen ist schwer zu entkommen. Gedemütigt ist leicht.

Sagen wir nicht, alles kommt zurück? Von Zurückkommen kann in diesem Fall nicht gesprochen werden, dennoch ist es ein eigenartiges Vorkommnis. Im Hause des Bauern, der Herrn Josef Grünzweil ausgeladen hatte, gab es eine fesche Tochter, die zur Erbin heranwuchs. Josef Grünzweils Freundin hatte, wie wir schon wissen, mehrere Kinder, darunter einen tüchtigen, feschen Sohn. Genau diese Tochter und dieser Sohn verliebten sich ineinander, heirateten, der Hof bekam einen anderen Namen und heißt bis heute so. Liebe und Glück haben ihre eigenen Wege und das ist gut so.

Zwei Mal gefiel Heinrich ein Mädchen so sehr und diesem der junge Mann, dass er sich ernsthaft anfreundete. Beides Bauerntöchter. Das war damals, vielleicht auch heute noch, eine Besonderheit. Bauerntöchter heirateten Bauern. *„Ich war nur ein Häuslmann und Besenbinder"*, so Heinrich. *„Allerdings war ich bereits einer der Wenigen, die ein Auto besaßen."*

Heinrich besuchte gerne Unterhaltungen, tanzte gerne, so auch im Gasthof Berger in Afiesl, den er schon kannte. Seine Schwester Anna hatte dort ihre Hochzeit gefeiert und der Großvater auf seinen Fahrten mit Hunden und Ziehwagen Rast gehalten. Genau dort lernte er Monika eine Bauerntochter, kennen. *„Ich war mit Monika über ein Jahr innig befreundet"*, erzählt Heinrich. *„Wir haben öfter über unsere Zukunft gesprochen, vom Heiraten, von einem andauernden gemeinsamen Leben."*

Es kam anders. Als Heinrich Monika besuchte, sie gemütlich in der Stube beisammen saßen, kam ihr Vater nach Hause, sah Heinrich und verjagte ihn. Der Tochter verbot er den Umgang. Der Bauer hatte die Geschichte von Heinrichs Vater gehört, der mit einer Fremden im Gasthaus aufgetaucht war, befand sich aber im Irrtum, hatte aufgefasst, Heinrich selber sei das gewesen. Gedemütigt musste er das Haus verlassen, Monika verlassen. *„Durch diese Verwechslung mit meinem Vater ist alles in die Brüche gegangen, es hat mir sehr leid getan. Unsere ernsten Zukunftsabsichten kamen nicht zustande, mit dem Vater von Monika* *war nicht mehr zu reden. Nach einigen Jahren habe ich erfahren, Monika hatte geheiratet, die Ehe ging in die Brüche. Dass dies nicht mit mir passiert wäre, da bin ich sicher. Leider war es dann zu spät. Schuld hatte mein Vater.*"

Die zweite Bauerntochter, die er nach geraumer Zeit kennen lernte, in die er sich erneut verliebte, die seine Gefühle erwiderte, hieß Franziska. Sie arbeite in Linz in einem Gasthof. Gut kochen sollte eine Bäuerin können. Hatte sie frei, besuchte sie Heinrich, oder er eilte zu ihr. Das Gehöft ihres Vaters lag etwas weiter entfernt von Heinrichs zu Hause. Das Mädchen machte dem Vater Mitteilung über ihre Liebe zu Heinrich. Dieser meinte, er werde sich die Sache durch den Kopf gehen lassen und den Besitz begutachten. In einem Linienbus fuhr er nach St. Johann und erkundigte sich nach dem Weg. Bergauf zum Ederhügel ging's nur zu Fuß. Der Schweiß rann ihm vom Kopf, das Hemd dunkelte unter den Achseln und klebte am Rücken. Gerne hätte er den Rock ausgezogen, aber wie sähe das denn aus. Er sei schließlich ein Bauer. Auf dem Hügel zweigt sich die Straße. Rechts sah er ein paar Häuser, so nahm er diese Seite. Dort könne er jedenfalls fragen. Bei einem der Häuser war die Hausfrau anwesend. Das wäre der Weg geradeaus gewesen und um ihre Neugierde zu befriedigen, was er denn dort wolle. So kamen sie ins Gespräch. Er fragte, sie antwortete. Kann sein, sie beantwortete auch, was gar nicht gefragt war.

Der Bauer fand nach Anweisung der Frau den Weg zum richtigen Anwesen, klopfte fest an die Haustüre, welche die Mutter, da sie allein zuhause war, versperrt hatte. „*Wer ist da?*", so die Mutter durch die verschlossene Haustüre. „*Ich bin ein Viehhändler.*" „*Wir haben keine Kuh zu verkaufen!*" Die Türe öffnete die Mutter für den unbekannten Viehhändler nicht. Dieser machte nach einiger Zeit kehrt, besuchte in St. Johann noch ein Gasthaus. Was er denn in St. Johann tue? Wer denn die Leute seien, die er aufsuchen wollte?

Am nächsten arbeitsfreien Tag kam Franziska zu Heinrich. Sie weinte. Er nahm sie in die Arme. Er hielt sie an sich, streichelte ihren Rücken. Der Vater habe ihr verboten, ihn zu heiraten. Sie liebe ihn. Ihre nassen Wangen nahm er in beide Hände. Wenn die Eltern so dagegen sind, traue sie sich aber nicht. Sie würden böse mit ihr sein. Er zog sie zu sich auf einen Stuhl. Auch er weinte. Sie meinen, er würde kein guter Ehemann sein. Er würde es machen wie sein Vater. Schon wieder der Vater! Immer der Vater. Sie könne ihnen das nicht ausreden. Eine innige, glücklich-traurige Weile saßen sie noch beieinander, herzten, küssten, wiegten sich, weinten und lachten sogar ein wenig. Die Augen rot und geschwollen, das Gesicht aufgedunsen, nahmen sie sich ein letztes Mal in die Arme, fest, aus tiefster Seele. Schwindelig, fast stolpernd verließ Franziska das Haus. Wie sehr die Eltern sich getäuscht hatten, haben sie es je erfahren? Jedenfalls war für Heinrich zum zweiten Mal eine unvergessliche Liebe zerbrochen.

Wie konnte es dazu kommen, dass die Väter dieser Mädchen sich diese Meinung bildeten? Kaum etwas blüht so beharrlich wie Tratsch, Neid, Missgunst, Geltungssucht, auch Gier. Vorurteile herrschen zu jeder Zeit. Vorurteile werden für Gedankenlose zur Wahrheit. Urteile trennen.

Heinrich stürzte sich nach diesen traurigen Erlebnissen noch mehr in die Arbeit. Sein Herz war gebrochen, sein Stolz verletzt, gedemütigt durch den Lebenswandel seines Vaters. Für junge Frauen zeigte er nach außen hin längere Zeit kein Interesse. Da Heinrich ein Beziehungsmensch war und ist, kreisten seine Gedanken natürlich weiterhin um dieses Thema. Gesund und kräftig wie er war, sehnte er sich nach einer Frau.

Auch einen Freund verlor Heinrich auf tragische Weise. Bei einem Steinmetzbetrieb in der Umgebung war dieser der einzige festangestellte Arbeiter. Sein Elternhaus war als äußerst christlich bekannt. Viel gebetet soll die Familie haben. Ein ganz lieber Mensch soll dieser Freund gewesen sein, dazu ein anstelliger junger Mann. Er kann einfach alles, wurde von ihm gesagt. In seiner Freizeit arbeitete er oft in Heinrichs Firma. Die Beiden redeten viel über alles und jedes, fühlten sich gut und vertraut miteinander. Das Firmengebäude für die Steinmetz-Arbeiten befand sich gleich neben dem Wohnhaus des Besitzers und dessen Frau. Der Chef tat sich mit Arbeit nicht weh. Lieber fuhr er durch die Gegend und kehrte in Wirtshäusern zu. Kam er abends nach Hause, oft spät, war nicht mehr viel mit ihm anzufangen. Der Alkohol zwang ihn ins Bett. Seltene Male blieb er zuhause und arbeitete. Um seine Frau kümmerte er sich wenig. Wozu auch, war sie doch abhängig von ihm. Was *er* brauchte, holte er sich. Nun, es war unvermeidlich, dass die Frau und der Arbeiter sich über den Weg liefen und auch ein wenig plauderten. Mit der Zeit wurde aus zufällig und unabsichtlich, absichtlich. Der Arbeiter war der Mann, der ihr zuhörte, dem sie nach und nach ihr Leid klagte, der sie verstand. Sympathie entwickelte sich und mehr: Liebe. Diese war nun nicht leicht zu leben. Dem, durch sein Verhalten zum Ungeliebten Gewordenen, hatte sie sich verbunden, abgesegnet von der unerbittlichen Kirche, die das Leben der Menschen bestimmte, prägte und prägt. In die Köpfe der Menschen hatte sie sich, von klein an, vorgedrängt. Nicht mit *„liebe dich selbst und den Nächsten"*, wie Jesus gesagt haben soll, nein, mit Autorität und Gesetz. Wird etwas wahr, weil du es immer wieder hörst? Zuerst bist du zu klein, glaubst alles, dann bist du schon überzeugt, weil es der von Gott gesegnete, geweihte Herr Pfarrer unablässig von der Predigtkanzel herunter sagt. Zu zweifeln getraust du dich kaum. Selbst im Jahr 2019 kann eine geschiedene Person, die das möchte, nicht einfach an den Sakramenten der Kirche teilnehmen. Der Pfarrer kann ihr erlauben, die Kommunion zu empfangen. Eine „Machtkannbestimmung" für Bevormundung. Alles muss geregelt sein. Zu wessen Vorteil?

Scheidung war für die Menschen auf dem Land damals noch ein Fremdwort. Frauen harrten aus. Manchmal auch ein Mann. Überall lauerten Augen. Was konnte die Frau tun? Ihr Kirchengewissen lauerte auch. Was wahr ist, ist stärker. Natur ist wahr. Sie beschloss, ihrem Liebsten ein Zeichen zu geben, wenn sie allein im Haus sein würde, der Zeitpunkt günstig schien. Die Vorhänge in der Stube zog sie zu. Damit wusste der Geliebte, er ist ohne Gefahr willkommen. So genossen die Beiden über längere Zeit ihr heimliches Glück. Doch dann geschah es. Der Chef kam unerwartet nach Hause. Die Tür war versperrt. Das entsprach nicht der Norm. Haustüren sind untertags und auch am frühen Abend offen. Der Ausgeschlossene fing, seines

Charakters gemäß, an zu schreien, zu toben, gegen die Tür zu treten. Der Arbeiter, was blieb ihm schon, ging, anstelle aus dem Fenster zu springen, oder sich zu verstecken, an die Tür um zu öffnen. Der Steinmetzbetrieb-Besitzer, ein Jäger, hatte sein Gewehr zornentbrannt geladen und schoss auf das Türschloss. Er traf seinen Arbeiter. In einer Blutlache lag er im Hauseingang und starb. Die ihre Liebe zu leben gehinderte Frau erblasste, stieß einen furchterregenden Schrei aus, fuhr mit beiden Händen schützend an den Leib. Ganz zu Ende war ihre Liebesgeschichte damit noch nicht. Die Frau gebar einen Sohn, der den Namen seines Stiefvaters trägt.

Die Zeit blieb auch für die Grünzweil-Besen nicht stehen. Eine Firma aus dem Burgenland tauchte in Oberösterreich auf. Das machte Sorge. Die Qualität war nicht besonders, so erlitt Heinrich keinen größeren Schaden. Auch eine Firma aus dem Waldviertel weitete sich aus. Da Heinrich zu dieser Zeit bereits einen großen Lastwagen besaß, mit Ladekran und Kipper, fing er an, sich für das Eisengeschäft zu interessieren. Bald kamen die Besen in Konkurrenz zu industriell gefertigten und Kehrmaschinen. Damit war in dem ehemals guten Geschäft nicht mehr viel zu gewinnen.

Neben den Besen erweitere Heinrich seine Tätigkeit auf den Ein- und Verkauf von Alteisen, Buntmetallen, Altautos, alles, was mit Gebrauchteisen zu tun hatte. Die Kontakte aus dem Besengeschäft erwiesen sich als hilfreich. Wo er Besen verkauft hatte, fand sich auch Eisen. Am Anfang kaufte er Alteisen von Landwirten. Schnell weitete der Einkauf sich aus: Geschäfte, Werkstätten, Baufirmen, Gemeinden, Fabriken.

Der Gewerbeschein war auf Wandergewerbe ausgestellt, galt drei Jahre, für die Verlängerung musste Unbescholtenheit nachgewiesen werden. Ein weiterer Gewerbeschein für Handelsgewerbe unbeschränkter Art, folgte bald. Außer Waffen und Pharma-Produkten durfte er alles im Groß- und Einzelhandel kaufen und verkaufen. Heinrich, der ehemals mittellose Hüterbub, wurde Funktionär in der Wirtschaftskammer, war in der Abteilung Rohstoffhandel tätig.

In Eferding kannte er den Eisenhändler Zanzerl, ein Besenkunde. Dort informierte er sich über Warensortimente, die verschiedenen Zustände von Fabrikaten, Liefer- und Zahlungsbedingungen, Preise.

Von Altautos verkaufte er Ersatzteile an einzelne Kunden weiter. Die Karosserie mit allem anderen Eisen lieferte er an die Voest und auch an die Firma Müller Gutenbrunn, in Amstetten. Kaufte er größere Mengen Alteisen in weiterer Entfernung, ließ er es dort auf Waggons verladen und zur Voest liefern. Ab zehn Tonnen war die Fracht gratis.

Heinrich brauchte dringend einen geeigneten Lagerplatz. Auf seinem eigenen Anwesen fand sich für diese Ware kein passender, ausreichender Platz, wegen der Hanglage. Den ersten, vorübergehenden Lagerplatz fand er in Freudenstein, Feldkirchen, in einer zum Teil aufgelassenen Schottergrube. Ganz ideal war der Platz nicht. Vom damaligen Ortspfarrer in St. Johann, Hochwürdigen Herrn Berner, erfuhr Heinrich, seine Eltern besäßen ein Haus in Puchenau und dazu direkt an der Bundesstraße, ein geeignetes Grundstück zum Verpachten. Das wäre für dieses Geschäft wunderbar gewesen. Die Gemeinde war dagegen.

In weiterer Folge erfuhr er von seinem Buchhalter, der bei der Firma Rieseneder arbeitete, er habe erfahren, das ehemalige, leerstehende Ziegelwerk werde verkauft. Der veranschlagte Preis liege bei acht Millionen Schillingen. Heinrich machte ein mündliches Angebot und bekam eine vorläufige Zusage. Nach zwei Monaten kam die Nachricht, ein weiterer Käufer zahle dreizehn Millionen, wobei noch weitere Grundzugabe inbegriffen war. Für den Preis dieses weiteren Angebotes hätte er den Zuschlag bekommen, das war ihm dann doch zu viel.

Heinrich dachte hin und her. Ein passender Lagerplatz wurde immer wichtiger. Ein Grundnachbar besaß ein passendes Stück Wiese. Vielleicht wäre er mit einem Grundstückstausch von gleich großer Fläche einverstanden? Tatsächlich geschah es genau so. Heinrich war und ist Hofer Heinrich dankbar. Endlich hatte er genügend Lagerplatz, konnte eine Halle errichten und das in seiner Nähe. Stellagen stellte er auf, für gebrauchte landwirtschaftliche Nutzteile, für gebrauchtes Nutzeisen, Alteisen,

Behälter für Buntmetalle. Es gab endlich einen ordentlichen, geschützten Sortierplatz und Einstellplatz für die Firmen-LKWs. Über diese Lösung war Heinrich glücklich. Während er dort arbeitete dachte er immer wieder, oder sagte es auch vor sich hin: *„Dahoam is dahoam."*

Lagerplatz und Halle bestehen bis heute, sind großzügig erweitert. Sein Sohn und Nachfolger, Martin Grünzweil, kaufte noch Grund zu, für die Vergrößerung der Lagerfläche und der Halle. Das ehemalige oft hungrige Kind Heinrich, der arbeitsame Hüterbub beim Besl, der fleißige Besenbinder und Netzwerker, der Alteisenhändler, der Händler von Museumsstücken, von Steintrögen und Steinskulpturen, schlussendlich der Gastwirt, er hatte eine gute Basis geschaffen und freut sich heute über den so gut weiterlaufenden Betrieb. Für den Fortbestand sorgt der tüchtige Sohn Martin, mit Ehefrau Evelyn, unterstützt von Bruder Erich und seiner Frau Klaudia.

In der Voest Linz und Liezen war der Besenerzeuger und nunmehrige Alteisenhändler schon gut bekannt. Die Geschäftsverbindung florierte. Es folgten große Aufträge an Demontagen, wie ÖMV Wien. Sieben Monate dauerte der Abbruch. Den damals größten Baukran in Wien von der Firma Thomandl, lieh er. In großen Höhen konnte er mit dem Schneidbrenner nur liegend im Korb arbeiten. Stehend schaukelte ihn der Wiener Wind zu sehr.

Chemie Linz und viele weitere Eisenkonstruktionen demontierte er. Als die Voest ihm die Aufgabe erteilte, die Steyr-Tal-Bahnstrecke von Garsten nach Steyr-Hauptbahnhof und von Grünburg bis Molln abzutragen –, auch eine Monate lange Arbeit –, schwor sich Heinrich, nicht mehr zu rauchen und keinen Alkohol mehr zu trinken. Heinrich und seine Arbeiter blieben, wenn Größeres in weiterer Entfernung anfiel, eine Woche dort. Nur die Wochenenden verbrachten sie zuhause. Um teure Nächtigungen zu vermeiden, kaufte Heinrich einen großen alten Bus, den sie dorthin schleppten, wo sie ihn brauchten. Den Boden belegte er mit Matratzen. Sechs bis sieben Leute schliefen gut auf diesem Lager. Gegessen wurde in den jeweiligen Kantinen, die zu den Firmen gehörten, Jause in Geschäften gekauft.

Auch Toiletten und Waschgelegenheiten gab es bei Firmen. Viele Abbrucharbeiten waren gefährlich. Manche Arbeit erledigte Heinrich selbst, wenn kein anderer den Mut hatte. Alle Arbeiten führten sie gut zu Ende, so kamen immer neue Aufträge. Heinrich war zufrieden, sehr zufrieden. Investitionen folgten. Wie er mit sich selbst abgemacht hatte: ohne Kredit.

Heinrichs Philosophie: *„Wenn man Gutes leistet, wird man auch mit Gutem belohnt. Es ist wichtig, dass man alle Arbeiten mit Freude macht. Nur ehrliche Geschäfte. Möglichst alles gleich bezahlen. Käufer und Verkäufer müssen zufrieden sein. Auf diese Weise entwickelt sich ein sehr guter, zufriedener Kundenstock. Damit kann man bis ins hohe Alter glücklich sein und braucht auch das nahende Jenseits nicht zu fürchten.“* Heinrich ging und geht in die Kirche.

Ein großer LKW war schon gekauft worden. Marke Bedford, auf zwei Seiten Kipper mit Ladekran, bald darauf einen Steyr 380, nach drei Seiten zu kippen. Ein noch größerer kam dazu, dreiachsig, mit Ladekran, Container-Wechselanlage und Abzug-Waage. Vier große LKW waren fast immer gleichzeitig unterwegs. Ein Teil seines Geschäftserfolges basierte auf Barzahlung bei Abholung der Ware. Den anderen Teil, hieß es, verdanke er seinem umgänglichen, liebenswürdigen Wesen. Heinrich war glücklich. Das Geschäft lief.

Sein Großvater war anhand einer Taschenuhr wieder in Heinrichs Leben getreten. Als er einmal Geld brauchte, verkaufte dieser seine Firmuhr an den Altbauern Schapp in Petersberg. Nach einiger Zeit verkaufte jener die Uhr weiter, an den Krüger Franzl, der sie an Sonn- und Feiertagen trug. Beim Frühschoppen sah Heinrich die Silberkette an dessen Weste hängen, die Uhr, wenn der Franzl gelegentlich darauf schaute. Nach seinem Tod verblieben alle Sachen auf dem Krügerhof, wo er bei seinem Bruder, dem Bauern, gearbeitet und gelebt hatte. Wieder einige Jahre später begleitete ein Sohn des Bauern Heinrich bei seinen Geschäften. Als sie bei einer Kundschaft in Lambach Halt machten, kam eine Frau auf die Beiden zu und fragte, ob es Uhren zuhause gäbe, die sie verkaufen möchten. „Ja“, sagte der Begleiter, er habe eine. Die Frau schrieb ihre Adresse auf, wenn er sie bitte mitnähme, sie zahle gut. Als sie weiterfuhren, Heinrich hatte es kaum erwarten können, sagte er: *„Diese Uhr kaufe ich dir ab. Sie stammt von meinem Großvater.“* Schnell wurden sie handelseins. Der junge Bauer erhielt einen eisernen Pflug, Heinrich die Uhr. Seitdem hängt sie in seiner Stube. Die silberne Uhr, die silberne Kette, zwei silberne Pferdeanhänger und Taler. Nicht der Geldwert zählt für Heinrich, es zählt die Erinnerung an vergangene Zeiten, an einen Mann, der sich tapfer und findig durch's Leben schlug, Bedeutung in Heinrichs jungem Leben hatte, als Vorbild weiterlebt. Die Uhr war auf Umwegen wieder dort angelangt, wo sie hingehörte.

Nicht immer war Heinrich nur von Erfolg gekrönt. Den ersten LKW verlor er in Ebensee bei einem Ausweichmanöver. Ein anderer Lastwagen kam geradewegs auf ihn zu. Im letzten Moment lenkte Heinrich zur Seite in die dort befindliche Allee. Das Fahrzeug wurde schwer beschädigt und verschrottet. Heinrich war, durch das zur Seite Reißen im letzten Moment, nichts passiert. Der Schreck aber saß tief.

Während seiner „Eisenzeit“ war Heinrich durch seine Geschäftstätigkeit auch viel im Bezirk Perg unterwegs. Er lernte einen Alteisensammler mit Lieferwagen kennen, dem –, so Heinrich –, *„durch mir nicht genau wissenden Umstand, die Gewerbeberechtigung entzogen worden war.“* Dieser sammelte aber weiterhin, konnte das Material aber nicht an Großfirmen verkaufen, somit fehlte das Einkommen. Heinrich kaufte ihm die Sammlungen ab. Sie wurden Geschäftsfreunde, redeten über dieses und jenes, auch darüber, dass Heinrich keine Frau hatte. Nachdem er dem Freund seine traurigen Liebesgeschichten erzählt hatte, fragte er ihn, ob er vielleicht ein zu ihm passendes Mädchen wisse.

Beide verfielen in Schweigen. Nach einer längeren Nachdenkpause meinte dieser, in seiner näheren Umgebung, beim Landwirt Heindlbauer, arbeite eine Magd. Er glaube, sie sei noch frei und würde seiner Ansicht nach gut zu Heinrich passen. Heinrich notierte sich die Adresse und schrieb an die Magd. Voller Hoffnung war er. Gut aussehen solle sie auch, hatte der Freund erwähnt. Briefe gingen hin und her. Heinrichs Sehnsucht nach einer Frau tat das Ihrige. Er stieg in den Zug, der ihn zur

Bahnhaltestelle Auhof brachte, die sich in unmittelbarer Nähe des Heindlbauern befindet. Dort trafen die beiden sich. Der erste Gruß, der erste Händedruck, das erste Empfinden. Dort, an der Haltestelle, auf einer Bank, saßen die beiden: Heinrich und Berta. Ein klein wenig verlegen, aber angenehm überrascht. *„Schöne, warme Augen hat sie"*, stellte der Brautwerber fest. Für ihn ein wichtiges Kennzeichen. Niemals hätte er eine mit kaltem oder gar stechendem Blick genommen. Das war sein Grundsatz. Schnell entwickelte sich Sympathie. Nach ihrem jeweiligen Leben fragten sie. Bertas Elternhaus steht in Pergkirchen. Ihr Geburtstag war der 20. März 1938. Sie sprach von ihrer Mutter, die eine Woche nach ihrer Geburt am Kindbettfieber verstorben war. Der Vater holte das Baby vom Krankenhaus, wo es geboren worden war, nicht ab. Er war unzufrieden. Es war nur ein Mädchen, er hatte einen Sohn gewünscht, eine Tochter hatte er ja schon, – so ging die Rede. Mit dem Tod der Mutter hatte er die wichtigste Arbeitskraft verloren, auch die wichtigste Person für das Kind. Dem Vater von Bertas Mutter und ihrem Bruder in Allerheiligen blieb angesichts der Tatsachen nicht mehr übrig, als das Kind aufzunehmen. Das Kleinkindalter verbrachte sie dort. Gut sei es ihr nicht ergangen, berichtete sie. Den Vater habe sie kaum gesehen, der Weg war einigermaßen weit und Verkehrsmittel gab es nicht auf der kleinen Landwirtschaft des Vaters. Sein Interesse für das Mädchen hielt sich in Grenzen. Als sie fünf Jahre alt war, der Vater dachte, sie könne schon fest zupacken, was er ihr auch abverlangte, holte er sie zu sich, zu, für das Kind, fremden Leuten. Eine ältere Schwester lernte sie kennen und die neue Frau des Vaters. Mehrere Jahre lebte sie mit der Familie. Zwei Geschwister kamen in dieser Zeit noch hinzu, ein Bruder und eine Schwester. *„Mit vierzehn Jahren bin ich zu dem Bauern gekommen, bei dem ich immer noch bin"*, erzählte sie. *„Unter Vaters Lieblosigkeit habe ich sehr gelitten."*

Auch Heinrich erzählte aus seiner Kindheit, vom Hüterbuben, vom Knecht, vom Besenbinder, vom angehenden Eisengeschäft. Er erzählte vom Aufstocken auf das alte, renovierte Häusl, von den schönen Zimmern, vom Bad, von seinen Geschäften, die ihm ein gutes Leben ermöglichten.

Weitere Besuche machte Heinrich mit dem Lieferwagen. Das Vertrauen wuchs. Berta erzählte ihm, wie schwierig es auf dem Hof seit einiger Zeit zuging. *„Der Bauer liefert die Milch. Der Milchstand ist neben dem Wirtshaus. Dort kehrt er zu, auf nur ein Bier, wie er sagte. Dann kommen weitere Gäste, das Bier wird mehr und mehr. Kommt er zum Mittagessen endlich nach Hause, ist er ordentlich angetrunken. Die ganze schwere Arbeit lastet auf der Bäuerin und mir. Daher bin ich gerade auf der Suche nach einer anderen Arbeit."* Das betrachtete Heinrich als seinen Vorteil. Da sie sich mochten, das Mögen auf Liebe zu ging, wollte Heinrich mit der Heirat nicht mehr lange zuwarten. Nach fünf Monaten begaben sie sich auf das Standesamt in Perg, es war der 15. Juni 1963. Eine sehr schöne kirchliche Hochzeitsfeier folgte in St. Florian, zu der Heinrich die ganze Familie einlud. *„Wenn man den Mut nicht verliert, kann man auch ein weiteres großes Glück haben"*, waren Heinrichs Gedanken zu diesem schönen Ereignis.

Seine Frau unterstützte ihn in allen Belangen. Mit Arbeit war sie aufgewachsen, Arbeit gehörte zu ihrem Leben, genau wie zu Heinrichs. Sie half beim Besen binden, war auf dem Schrottplatz zu finden, später auch im Gasthaus.

Bald erwartete das Paar das erste Kind. Die Freude war groß. Ein Sohn. Heinrich wurde er getauft. Heinrich, wie sein Vater. Heinz gerufen, damit die Familie sich auskennt, welcher Heinrich gemeint ist. Bald folgten Hannelore, Monika, Silvia, Herbert, Erich, Martin und Erika. Berta, die Mutter, freute sich erneut über jedes Baby. Endlich hatte sie, was Kindheit und Jugend ihr vorenthalten hatten: Eine Familie. Eine eigene Familie. Eine Familie, zu der sie nicht nur nach der Urkunde gehörte. Eine Familie, die in Liebe verbunden war und ist. Eine Familie, deren Mittelpunkt sie war. Kinder, denen sie die Liebe gab, die sie selber nie bekommen hatte. Vater Heinrich ist heute stolz auf diese Schar, eine fröhliche Schar, geboren zwischen 1964 und 1978.

Noch auf seine alten Tagen ist er ein Familienmensch. Seine große Familie, Kinder, Schwiegerkinder, Enkel und die Verwandten, bedeuten ihm viel. Familienfeiern, zu denen alle Verwandten eingeladen sind, veranstaltet er immer wieder. *„Es stärkt* *den Zusammenhalt und es ist eine Freude alle einmal wieder zu sehen"*, sagt er. Das sei ihm Mühe und Geld wert. Wird er gefragt, was ihm in seinem Leben am Wichtigsten ist, sagt er: *„Die Familie. Die ganze große Familie."*

Nicht immer lief in den dreiundfünfzig Ehejahren alles gut. Heinrich liebte nicht nur seine Frau, er war auch in seine Arbeit, seinen Erfolg, verliebt. Sehr oft, wenn große Abtragungen zu bewältigen waren, befand er sich weit auswärts, konnte nur an Wochenenden nach Hause kommen. Sonntags ging er ins Amt, danach zum Stammtisch. Berta, die schon die Frühmesse besucht hatte, um zum Kochen rechtzeitig zuhause zu sein, mag sich vernachlässigt, oft verlassen, gefühlt haben, wenig beachtet, wenig anerkannt für die viele Arbeit, die Frauen wie selbstverständlich zufiel, mit Kindern, Haushalt, Heuarbeit, Gemüseanbau, täglich im Stall, tagaus, tagein. Menschen brauchen Anerkennung. Menschen haben Träume. Menschen möchten hie und da aus dem Alltag ausbrechen. Allein, in der Hitze am Acker, während der sich wiederholenden Handgriffe in gebückter Haltung, könnte es gewesen sein, Berta kamen Gedanken an ein anderes Leben, mit weniger Arbeit: Einen Ausflug, eine Stadt besuchen, Schaufenster betrachten, vielleicht ein Kleid kaufen, in ein Kino gehen, in ein Restaurant, wo man bedient wird. Vielleicht an einen See fahren, in den man die Füße halten kann, wo es ein Boot gibt, oder ein Schiff, Getränke, Kaffee und Kuchen, auch einmal einen Eisbecher. Oder mit einer Gondel auf einen Berg, von wo man weit sehen kann, sehr weit. Wissen tun wir das nicht, fragen können wir Berta auch nicht mehr. Nach St. Moritz in die Schweiz waren Heinrich und Berta am Anfang ihrer Ehe einmal gefahren. Unterwegs drängte es sie zu einem kleinen Waldspaziergang. Heinrich, der täglich unterwegs war, nahm Berta manchmal in seinem Lastwagen mit. Das freute sie.

Leicht schleicht sich im täglichen Leben Routine ein. Frau und Mann sind wie eine Gewohnheit da. Die Frau, da für das Haus, da für die Kinder, da für das Vieh, da für den Acker, abends für den Mann. Da, einfach da. Heinrich war mit seinen Erfolgen beschäftigt, die seine Gedanken, seinen Mut, seine

Kräfte beanspruchten. Bedürfnisse auszudrücken lernten damals besonders Frauen in Kindheit und Jugend nicht. Die Scheu, sich zu zeigen, hinderte Frauen und Männer. Die wichtigsten Dinge zwischen Partnern blieben unbesprochen. Die richtigen Worte fehlten, auch das Hinhören, das Hinschauen, das Loben und Anerkennen.

Berta hatte bei den Verwandten, im Elternhaus, auf dem Bauernhof gelernt, wenige Wünsche zu haben. Sie lernte Befehlen nachzugehen. Vor Heinrich kannte sie keinen Mann.

Liebesromane habe sie, wenn sie Zeit hatte, gerne gelesen, diese wundersamen Geschichten, die sich in den dünnen blauen Heften fanden. Großartige Liebhaber, die um ihre Liebste kämpfen, sie mit Geschenken überhäufen, ihre Schönheit bewundern, ihr liebevolle Worte ins Ohr flüstern, sie wegen der vielen Arbeit bedauern, ihr ein wunderbares Leben versprechen. Träume, die Verwirklichung suchen, aber nicht finden, wie das vielen Träumen eigen ist. Für das Ehepaar begann eine schwierige Zeit. Sie lebten sich auseinander. Heinrich ging nach wie vor, nicht wissend was seiner Berta fehlte, seine abwechslungsreichen Wege, harte Arbeit inbegriffen. Berta suchte ihre. Verschiedene Pfade ergeben Streit. Das Vertrauen blieb für einen längeren Lebensabschnitt brüchig. Heinrich sagt, für ihn war es in dieser für sie beide schmerzlichen Zeit wichtig, immer wieder das Gesamte zu betrachten, seine Frau, die Kinder, den Erfolg, der sich eingestellt hatte. Am Fuße eines hohen Berges habe er sich gesehen, den er mühevoll überwinden müsse, damit es wieder gut weitergehen könne. Sich bemühen, das Streben nach privatem Glück und geschäftlichem Erfolg nicht aus den Augen zu verlieren, die Familie zusammen halten. Nicht immer gelang ihm das. Manchmal blieb er stehen. Manchmal rutschte er einen Hang wieder hinunter. Dann war er erneut weit weg vom Gipfel, den zu bezwingen er sich vorgenommen hatte. Der schwierigste Berg sitzt oft in uns selbst. Der höchste, – heißt es nicht selten –, mangelnde Fähigkeit sich auszutauschen. Partner haben ihre Berge.

Einige Jahre kämpften sie sich an den Gipfel heran. Immer wieder erging es ihnen, wie Sisyphos, dem König von Korinth.

Dieser hatte die Götter verärgert. Als Strafe musste er einen riesigen Steinbrocken, der größer als er selber war, einen Berg hinaufrollen. Der Stein entglitt ihm und rollte den ganzen Weg hinunter. Der König musste ständig mit seiner Arbeit von vorne beginnen. Sisyphos hat es nie geschafft, den Stein bis zur Bergspitze zu bringen. Dem Ehepaar gelang die Besteigung. Es kamen noch zufriedene, glückliche Jahre. Sie mochten einander. Als die Arbeit weniger geworden war, die Kinder erwachsen, begleitete Berta ihren Mann oft auf seinen Fahrten. Auch einkaufen fuhren sie zusammen. Heinrich lebte, was er liebte: Arbeit, Erfolg, Frau und Kinder. Seiner Berta ist er dankbar. Ihre fleißige Arbeit, ihre Fürsorge für die Kinder, hat ihm immer geholfen. Selbst in ihrer unglückseligen Zeit auf dem Beinahe-Scheideweg, der in Enttäuschung endete, hat sie diese nie vernachlässigt.

In jener Zeit, als die Kinder geboren wurden, erweiterte sich beim Schauflerhäusl der Viehbestand. Zu Hühnern, Schweinen, Kühen gesellten sich acht Schafe, *„hauptsächlich zum Selber-Essen“*, erklärt Heinrich und für Wolle, die verkauft wurde. Auf eingezäunten Wiesen-Flecken schmeckte es ihnen. Wie uns beschränktes Umfeld nicht gefällt, so erging es auch den Schafen. Eines Tages entdeckten zwei davon eine Lücke und liefen zum Gras in Nachbars Garten. Berta, die hochschwanger war, sah die Entwischten. Da außer ihr niemand zugegen war, ging sie selber die Tiere holen. Diese waren mit Leichtigkeit über die steile Böschung, die durch Einebnen des Hanges vor dem Haus entstanden war, hinab gesprungen zum verlockenden Futter. Dieser Rain wurde Berta zum Verhängnis. Sie rutschte auf dem Gras aus und brach sich ein Bein. Da sie nicht mehr aufstehen konnte, blieb ihr nichts anderes übrig, als schmerzgeplagt an diesem Platz auszuharren. Niemand hörte ihre Rufe, niemand sah ihre Handzeichen. Stunden später kam endlich weit oben an der Straße jemand vorbei, der wahrnahm, da braucht jemand Hilfe. Es war der gute Nachbar, der Baun Seppl, der die Hilfe in die Wege leitete. *„Das hat sich ausgezahlt“*, sagte Heinrich.

Zu dieser Zeit stellte er Schrottautos auf einem brach liegenden Stück Land ab. Leute kamen vorbei, die Autoteile suchten um Reparaturen an ihren Fahrzeugen vor zu nehmen. Zwischen den Fahrzeugen gedieh das Grün. Kurzerhand zäunte er den Platz ein, die Schafe sollten dort ganze Arbeit leisten, was sie auch taten, bis sich ein Kunde, der öfter etwas vom Alteisen kaufte, eines Sonntags, ohne sich zu melden, bei den Altautos umsah. Leider dachte er nicht daran, das Gatter zu schließen. Die Schafe machten sich davon. Der unachtsame Mann meldete den Vorfall noch am selben Tag bei Heinrich, geholfen hat das aber nichts mehr. Sie waren schon talab gelaufen, wurden bei der Fauxmühle von einer Frau gesehen, wie sie die Steinerne Mühl durchquerten und ein Junges, das dem Wasser nicht gewachsen war, zurückließen. Von Mitleid bewegt, trug sie das verzagte Viehlein zu sich nach Hause und pflegte das kleine, mutterlose Ding. Als bekannt wurde, beim Grünzweil wären die Schafe entwischt, erhielt Heinrich es zurück. Alles Suchen um die anderen war umsonst. Später hörte er, die Schafe wären in St. Stefan gesehen worden, hätten die tschechische Grenze passiert. Was sollte er tun? Er musste den Auswanderern ihren Lauf lassen. Ganz dort blieben sie nicht, sie wechselten über die Grenze hin und her. Einen Jäger, den Heinrich kannte, bat er, die Tiere, falls sie wieder über die Grenze zurück kämen um zu weiden, zu erlegen, dann wäre wenigstens das Fleisch nicht verloren. Der Waidmann sah die Tiere nicht wieder. Nun, auch den Menschen in Tschechien schmeckt Schaffleisch. Noch dazu, wenn es wie ein Geschenk vorbeikommt. Beim Schauflerhäusl war das das Ende der Schafhaltung.

Im Herbst 1974 ereigneten sich ein schweres Unglück und gleichzeitig ein großes Glück. Heinrich stand mit der Firma Wipplinger von Vorderweißenbach in guter Geschäftsbeziehung. Dieser hatte ein großes Gebäude in Pettenbach, Bezirk Kirchdorf, gekauft. Die Grubmühle. Viel Alteisen lagerte in dem Gebäude, in verschiedenen Räumen. Herr Wipplinger und Heinrich machten einen Termin, wann sie das Eisen wegbringen würden. Am vereinbarten Tag holten Heinrich und ein Lastwagenfahrer, ein Arbeiter seiner Firma, Stöttner Hubert aus Steinbach bei Neufelden, welcher den LKW auch fuhr, Herrn Wipplinger in Vorderweißenbach ab.

Die Verladung bei der Grubmühle gestaltete sich schwierig, verlängerte sich, die Schrottteile mussten erst einmal aus den Räumen, welche jeweils eigene Eingänge hatten, herausgebracht, das Fahrzeug in die Nähe der jeweiligen Tür gefahren werden. Gegen neun Uhr abends war die Ladung endlich fertig. Es war dunkel. Die drei Männer putzten sich den ärgsten Staub aus den Kleidern, stiegen ein, der Lastwagenfahrer ans Lenkrad, Herr Wipplinger, Heinrich ganz rechts. Sie würden nicht all zu lange brauchen bis zum Lagerplatz der Fa. Voest, Rohstoffhandel, in der Oberfeldstraße. Ungefähr zehn Kilometer hatten sie hinter sich gebracht, als sie ein Zischen hörten. Zum Glück war eine Ausweichstelle in der Nähe. Auf einer Seite der Hinterachse fehlte beiden Reifen die Luft. Eisenteile waren beim Vor- und Rückfahren in der Dunkelheit vor der Grubmühle in die Bereifung gedrückt worden. Reserverad gab es nur eines. Schwere Frachtteile verlagerten die drei Pechvögel auf die andere Seite der Ladefläche, um das Reserverad zu schonen. Während dieses montiert wurde, kam eine Polizeistreife vorbei. Die Polizisten kontrollierten den LKW, fragten, wie weit sie noch fahren würden, ließen sie weiterfahren, was sie natürlich gern taten, allerdings ein wenig langsamer als zuvor. Es gab keine Probleme mehr. Die Fahrt verlief gut. Dann, auf der Auffahrt zur Traunbrücke vor Ansfelden, gab es einen lauten Knall. Der Lastwagen flog über die Böschung hinunter, überschlug sich zwei Mal, blieb auf der Fahrerseite liegen. Die Drei konnten nicht fassen, was passiert war. Durcheinander geschleudert lagen sie im Führerhaus. Als der Schock den Gedanken wieder ein klein wenig Raum ließ, versuchte Heinrich sich aufzurichten, fand Halt auf den Körpern seiner Sitznachbarn, die *„Au"* schrieen, fingerte nach der Türschnalle über ihm, fand sie endlich, drückte die Tür nach oben, wieder Au-Schreie, und kletterte mühsam aus dem Führerhaus. Danach half er Herrn Wipplinger und Herrn Stöttner. Immer noch hatten sie keine Vorstellung, wie das hatte passieren können. Im Dunkeln sahen sie Konturen verstreuter Eisenteile. Keiner sagte etwas. Erst als sie Gendarmerie, Rettung und Feuerwehr hörten, es hell auf der Straße oben geworden war, kletterten sie die Böschung hinauf. Da sahen sie im Scheinwerferlicht, was im Finsteren nicht zu sehen gewesen war. Einen LKW-Fernzug, halb liegend, das Führerhaus komplett eingedrückt, der Fahrer eingeklemmt. Die Ursache für ihren Flug über die Böschung war geklärt. Feuerwehrmänner schnitten den Fernfahrer aus dem Führerhaus, die Rettung brachte ihn ins Krankenhaus. *„Da unten müssen Leichen liegen"*, hörten sie aus der Gruppe der Retter. Was sie hörten, kam bei ihnen nicht an. Der Vorfall hatte ihnen die Sprache verschlagen. Erst langsam wurde ihnen klar, wer mit Leichen gemeint war. Wie war es möglich, dass nach diesem schrecklichen Flug der vordere Teil des LKWs nicht komplett ruiniert war, sie noch lebten? Zurück auf der Wiese fanden sie den Retter. Der Kran an Heinrichs Lastwagen, hinter dem Führerhaus, überragte dieses um achtzig Zentimeter. Er hatte sie geschützt. Mit Prellungen, Beulen und blauen Flecken waren sie davon gekommen.

Die Gendarmerie verständigte auf Heinrichs Bitte die Fa. Kern – Autoverwertung. Mit Spezialfahrzeugen wurden die beiden LKWs abtransportiert. Bis auf einige Teile ließ Heinrich das Fahrzeug verschrotten. Das Eisen wurde am nächsten Tag von Voestarbeitern eingesammelt.

„Das war das Ende eines meiner Lastwägen." Heinrich tat das Herz weh. *„Aber unser größtes Glück war, wir sind am Leben geblieben."*

Der Vater, Josef Grünzweil, übersiedelte mit seiner Lebensgefährtin an einen anderen Ort, wo er noch einmal eine kleine Landwirtschaft pachtete, das Gruberhäusl. Einige Zeit lief alles gut. Dann kam ein jüngerer Mann dazwischen. Die Frau wäre nicht zimperlich gewesen. Man sprach davon, sie hätte Josef Grünzweil „hinausgehaut."

Wie auch immer. Jedenfalls fand der Vater den Weg zum Sohn und bat diesen um Hilfe und Unterkunft. Er saß in Heinrichs Stube, weinte, lamentierte, sagte: *„Sei so gut, gib mir eine Schlafgelegenheit, ich weiß nicht, wo ich hin soll, bitt gar schön, ich helfe dir dafür bei deiner Arbeit."* Er schluchzte und schnäuzte, raunzte erbärmlich. So einfach war das nicht für Heinrich, nach allem, was vorgefallen war. Der Mutter wollte er das nicht antun. Auch um Hilfe bei der Räumung des Gruberhäusls bat er.

Mit zwei Lastwägen holte Heinrich die Tiere. Einen fuhr er selbst, den anderen ein Freund. Der Vater bot den beiden, die sich im Stall umsahen, Most an. Er ging ins Wohnhaus, öffnete im Vorhaus die Bodenluke, unter der eine Stiege in den Keller führt, stieg hinunter, um das Getränk zu holen. Kurz darauf fiel die Falltür krachend zu. Die Frau lachte. Eilig holte sie schwere Sachen herbei und beschwerte damit die Bodentüre. Der Gefangene stand im Dunkeln, tapste in Richtung Treppe, schaffte es nicht die Türe anzuheben, fing an zu rufen und zu klopfen. Endlich hörten das die beiden Männer, die für die Erfrischung das Haus betraten.

Die Lastwägen hatten niedrige Bordwände, waren für Viehtransport nicht geeignet. Auf der vorsichtigen Heimfahrt stieg tatsächlich eine Kuh mit den Hinterbeinen darüber, fiel gänzlich hinaus, hing an der Kette. Für die drei Männer eine schwierige Aufgabe, sie wieder auf die Ladefläche zu hieven. Zum Glück blieb sie unverletzt. In Heinrichs Stall fand das Vieh kurzzeitig Unterkunft, der Vater konnte es schnell verkaufen.

Heinrich wies dem Vater eine Dachkammer zu. Nun war der Vater abhängig, nicht mehr der Sohn, nicht mehr Heinrichs Mutter von ihrem Mann. Mag das Heinrich bewogen haben, den Vater bei sich aufzunehmen? Das zu diesem Zeitpunkt umgekehrte Verhältnis? Heinrich war der Herr im Haus, der Vater ein Gast. War es eine späte Zusammenführung der Familie? War es die nicht überwindbare Liebe, die Kinder zu ihren Eltern im Herzen tragen, selbst wenn sie deren Tun ablehnen?

Der Mutter sollte er nicht in die Quere kommen. Die Spannung, die sich aufbaute, löste Johanna, die Mutter, indem sie mit ihm sprach, wenn sie sich begegneten, was kaum zu vermeiden war. Untertags begleitete er Heinrich im Lastwagen und half auch bei der Verladung von Alteisen. Kamen die Beiden zu Bauern, bettelte er überall nach Most. Heinrich war das peinlich, der Vater war nicht davon abzubringen. So ging das Leben weiter seinen Gang.

Öfter schlief der Vater abends nach dem Essen, während er seine Pfeife rauchte, am gemeinsamen Tisch ein. Eines Morgens kam er in die Stube und begann zu schreien, jemand habe ihm, während er schlief, Geld aus seinem Beutel gestohlen. An jenem Tag reichte es Heinrich ein für alle mal. Er wies ihn für immer aus dem Haus. Schnell fand er Unterkunft bei einer Frau in Putzleinsdorf, die er schon länger gekannt haben musste. Heinrich wollte endgültig nichts mehr von ihm wissen. Am 17. September 1975 verstarb er neunundsiebzigjährig in Linz in einem Krankenhaus. Auf dem Friedhof von Putzleinsdorf liegt er begraben. Heinrich kam durch seine Arbeit viel herum, auch ein bis zwei Mal wöchentlich nach Putzleinsdorf. Die Gemeindestraße führt entlang des Friedhofs. Er besuchte das Grab kein einziges Mal. Zu bitter war die Zeit ab 1950 für die Familie gewesen. Wehrlos dem verantwortungslosen Verhalten des Vaters ausgesetzt. Bittere Gedanken tauchten und tauchen auf, kommt Heinrich an diesem Gottesacker vorbei. Verlassen und nicht beachtet zu werden sind die schlimmsten Dinge, die Kindern widerfahren können und Müttern, die verlässliche Partner brauchen. Kommt er in Putzleinsdorf vorbei, denkt er – es ist unvermeidbar – an seinen Vater. So sehr er auch möchte, er kann die Gefühle und Gedanken nicht verhindern. Er kann nicht anhalten. Er kann nicht auf den Friedhof gehen. Er kann das Grab nicht suchen. Er kann nicht verstehen. Er kann nicht verzeihen. Mit aneinandergereihten Bildern im Kopf steigt er fester auf's Gas.

Zur Verlassenschaftsverhandlung am Bezirksgericht Lembach waren alle sechs Geschwister geladen. Sie müssten froh sein nichts zahlen zu müssen, sagte der Richter. Schon zu Lebzeiten hatte er Wertsachen und Sparbücher der Lebensgefährtin überlassen, in keiner Weise die Kinder bedacht.

Einschneidende Erlebnisse: 1974 der LKW-Unfall, 1975 der Tod des Vaters, der wieder viele Gedanken aufwirbelte, 1976 starb unerwartet die Mutter.

Für den noch unverheirateten Heinrich war sie eine große Hilfe gewesen. Um alle Anliegen im Haushalt kümmerte sie sich, dazu um das Vieh im Stall. Sie bearbeitete mit Heinrich die Wiesen, kümmerte sich um den so wichtigen Acker, das Essen für Herbst und Winter. Als die Schwiegertochter ins Haus gekommen war, übernahm diese die Stallarbeit, das Ausmisten, das

Einstreuen, das Füttern der Hühner, Schweine und Kühe und das Melken. Die Mutter war froh über diese arbeitsame Schwiegertochter Berta, die große Entlastung. Überall griff Heinrichs Frau zu. Sie half nach wie vor die Besen zu binden, für die immer noch Aufträge einliefen, sie half Eisen und Metall sortieren.

Berta hatte vor der Heirat nie in einer Küche arbeiten können. Das hätte sie gerne gewollt. Das hatte die Bäuerin gemacht, die Magd war draußen zuständig, für alle schweren Arbeiten. Bei Heinrichs Mutter konnte sie die Grundbegriffe des Kochens erlernen, machte rasch Fortschritte. Tochter Silvia erinnert sich besonders an die so guten Apfelschlangerl. Wie viele Äpfel mussten aus dem Obstgarten geholt, wie viele für die große Familie geschält, wie viele Schlangerln gebacken werden, damit für jedes Mitglied wenigstens zwei Stücke abfielen? Tochter Silvia sieht sie noch sitzen, eine Schüssel im Schoß, einen Apfel nach dem anderen in der Hand. Bald roch es phantastisch in Küche und Haus.

Kann sein, der Tante Jolesch-Effekt aus Friedrich Torbergs gleichnamigen Buch, tat noch das Seinige hinzu. Als diese im Sterben lag, wollte die Familie unbedingt noch erfahren, wie sie ihre Krautfleckerln zubereite, die besten Krautfleckerln ever. Das Geheimnis kennen wir: Sie kochte knapp, was bedeutete, es landete nicht allzu viel auf den Tellern der Gäste. Nach einer weiteren Portion hätte es die Verwandtschaft gelüstet, die Pfanne aber war schon leer, der Geschmack klebte noch am Gaumen.

Knapp kochte Berta nicht. Die Bleche waren voll. Die Münder viele. Zwei Stück Apfelschlangerl, wenn jedes aus der Kinderschar drei oder vier auf einmal verdrücken könnte? Wie wir sehen schmeckt das Essen am besten, wenn wir Maß halten. Berta wurde eine gute Köchin. *„Wenn wir von der Schule nach Hause kamen, war immer gutes Essen für uns da“*, so die Töchter Hannelore und Silvia. Herrlicher Lammbraten kam aus ihrer Küche, Blunzen machte sie selber, Bratl und gekochte Ripperl, Sauerkraut aus dem eigenen Fass, weitere gschmackige Gerichte probierte sie aus. Auch ihre Hausmannskost schmeckte hervorragend. Von den umstehenden Hollerstauden kam der Röster, Zwetschgen, Äpfel, Birnen bereicherten die Kost. Besonders in

Erinnerung ist ihren Kindern die Zwetschgensuppe. Aus Wasser, Zucker, Zimt und einer leichten Einmach, entstand dieses begehrliche Gericht.

Am 3. Dezember 1976, Heinrichs Mutter war im neunundsiebzigsten Lebensjahr, ging sie, wie öfter, einkaufen. Den Ederhügel hinauf, auf der anderen Seite hinunter nach St. Johann. Zurück konnte sie jeweils mit dem Milchmann fahren, also auf dem von Pferden gezogenen Wagen aufsitzen. Die leeren Milch- und Rahmkannen schepperten. Auch an jenem Tag kam sie zu der bestimmten Stelle, beim alten Feuerwehrzeughaus. Sie sah den Milchmann gerade abfahren, fuchtelte mit den Armen und rief so laut sie konnte nach ihm. Er schaute nicht zurück und hörte wegen des Fahrlärms auch nichts. Da war nichts mehr zu ändern. Mit der für die alte Frau doch recht schweren Tasche – neben anderen Lebensmitteln waren auch Nikolaussachen für die Enkelkinder darin – machte sie sich auf den Heimweg. Schnell wollte sie nach Hause, es war schon Zeit zum Kochen. Vorbei am Kepplingerwirt, wo ihr immer die Geschichte mit der Katze einfiel, weiter zur Abzweigung nach Petersberg. Von dort geht es bergan. Nach einigen Metern blieb sie stehen. Sie verschnaufte. „*Es geht wieder*“, sagte sie zu sich selber. Bald brauchte sie wieder eine Verschnaufpause: „*Alt werde ich halt.*“ Sie stellte die Tasche ab. „*Wie oft bin ich diesen Weg leichtfüßig gelaufen? Hunderte Male, mehr? Wie oft werde ich ihn noch schaffen? Blöd, dass ich den Milchmann verpasst habe. Mit Vater, Hund und Ziehwagen, war ich hier häufig unterwegs. Jeden Sonntag, zur Frühmesse. Mit den Kindern zum Bus, wenn wir einen Arzt in Linz aufsuchen mussten. Der Mann? Gott hab ihn selig!*“ Gerne hätte sie sich hingesetzt, was ihr im Schnee doch zu gefährlich erschien. „*Und wie käme ich mit meinen alten Knochen auch wieder auf die Beine?*“, fiel ihr noch ein. Immer wieder wurde ihr die Luft knapp, blieb sie stehen, stellte die Tasche ab. Mit: „*Ich werd's schon schaffen*“, schloss sie erneut die Finger um die Henkel der Tasche. Wartete noch etwas zu. „*Der Mann hat mich schön hängen lassen! Die Not, die wir gehabt haben. Es ist mir nichts geblieben, als das Äußerste zu tun. Niemand wird verstehen, dass ich sogar stolz bin, diese Erniedrigungen auf meinen Bitt-Gängen mit den oft mageren Ergebnissen, manchmal auch Demütigungen, ertragen zu haben. So sind wir davon gekommen. Ja, wir haben überlebt. Heute geht es den Kindern gut. Sie sind verheiratet, haben Familie. Nur der Adolf. An den Adolf denke ich oft. Es ist mir schwer ums Herz. Was ist mit ihm passiert? Trage ich Schuld? Wird er noch zu einem guten Leben finden? Adolf, mein Jüngster. Ich vermisse dich doch so sehr.*"

Während einer weiteren Rast sagte sie halblaut: „*Noch bis zum Elternhäusl. Das Dach sehe ich schon.*" Der Bruder wohnte dort, wo sie ihre Kindheit verbracht hatte. „*Bei seiner Familie kann ich rasten, mich ein wenig hinlegen, bis es mir besser geht*", tröstete sie sich. Es war mühsam. Sie gab nicht auf. Unter dem Dach tauchte das Häusl auf. Das machte ihr Mut. Sie hielt an. „*Gut, dass der Heinrich nach Hause gekommen ist und das Anwesen übernommen hat. Das war noch eine gute, schöne Zeit mit ihm, den Enkeln Heinz, Hannelore, Monika, Silvia, Herbert, Erich, dem Baby Martin. Die Hannelore ist schon recht verständig und oft bei mir. Sie begleitet mich zum Arzt und wenn ich ein Schmerzpflaster für das Kreuz brauche, klebt sie mir das auf. Ich hebe den langen Kittel hoch, es macht ihr nichts aus, dass ich keine Unterwäsche trage, wie eben die Frauen bei uns auf dem Land. Gut macht sie das. Eine große Hilfe ist sie für mich.*" Dass Erika sich noch anschließen würde, konnte sie nicht wissen. Möglich, sie hätte diese jüngste Enkelin besonders geliebt. Genau auf der Höhe des Elternhauses brach sie zusammen, blieb liegen, stand nicht mehr auf. Diesen Platz hatte sie sich ausgesucht. Diesen Platz, wo sie mit Mutter und Vater daheim gewesen war. Mutter und Vater, zu denen wir heimgehen möchten, wenn wir alt werden, das Leben uns mühsam wird. Einmal trat eine fast Neunzigjährige, das Kirchentascherl in der Hand, vor die Haustüre des Altenheimes. Auf die Frage wohin sie gehe, sagte sie: „*Heim zu der Mama.*" Heinrichs Mutter empfing vom Herrn Pfarrer noch die heilige Krankenölung. Vielleicht war die Seele ja noch da gewesen. Der Himmel stand ihr so und so offen. Wenn nicht ihr, wem sonst?

Heinrich war geschäftlich unterwegs, als er die Botschaft erhielt. Er war sehr traurig. Er war ein guter Sohn gewesen. Die Mutter hatte es gut bei ihm gehabt. Sie fehlte ihm.

Er erinnerte sich an die junge, trotz allem, fröhliche Mutter. Einmal im Jahr, meistens in der Ferienzeit, machte sie, bei schönem Wetter, zusammen mit den Kindern, einen Ausflug, nach Helfenberg, zur Waldkapelle. Alle liefen barfuß. Ausgerüstet mit einer Wasserflasche und getrockneten Apfelspalten wählte sie einen Umweg. Eine Fuß-Wallfahrt sollte schon einige Zeit dauern. In die Gegenrichtung brachen sie auf. Der weitere Weg hatte aber auch einen Vorteil. Er war besser zu gehen. Entlang des Weges vorbei an den Häusern Fischböck, Küger, Böschlhäusl, Pöschl, Putzenschuster, Lattner, Viehböck, Wirzling, Seppenhans, Haudum, Peternhäusl. Wipplinger, Ortschaft Uttendorf, den Fauxmühlerberg hinunter zur Fauxmühle, dann entlang der Steinernen Mühl, weiter vorbei an den Auhäusern, am Dorf Dobring. Bald ist Helfenberg in Sicht. Am Ende des Ortes steht das Elternhaus des Vaters. Auch dort geht es noch vorbei, weiter bis zur Waldmühle. Auf der rechten Seite zweigt der Weg ab. Aufwärts durch den Wald geht die Wanderung zur Waldkapelle. Die Wasserflasche war unterwegs mehrmals leer geworden. Bei den Häusern, an denen sie vorbei kamen, füllten sie diese wieder an. In der Waldkapelle betete die Familie und rastete, es ist kühl in diesem kleinen Kirchlein. Im Schatten der Bäume teilte die Mutter die Apfelspalten aus, eine Köstlichkeit für besondere Anlässe. Die Müdigkeit der Kinder war schnell verschwunden. Sie erforschten die Umgebung, spielten Fangen und Verstecken. Die Mutter erzählte den Kindern von den Verkaufsstandeln, die es vor dem Krieg dort gegeben hat. Kleine religiöse Statuen, Rosenkränze, Andenken und besonders auch Süßigkeiten, wurden angeboten. Der kleinwüchsige Standlmann war als das „Süße Mandl" bekannt. Auf diesen dürften die damaligen Kinder sich mehr gefreut haben als auf die Wallfahrtskirche und das Beten. Auch wenn es das nicht mehr gab, für die Familie war es ein sehr froher Tag. *„Ein zusätzlicher schöner Tag"*, wie Heinrich sagt. Auf dem Heimweg wählte die Mutter die kürzere Strecke. Von Helfenberg über die Auwiese zur Kitzmühle, Gsteckenhäusl, Petern zu Kitzberg, Tonipoidl, Lindorfer-Winkler, Unterviehböck, Oberviehböck, Wurzinger, wieder der Fischböck, noch den Frauenschlägerberg hinauf und schon sind sie wieder bei ihrem geliebten Zuhause. Für Heinrichs Nachkommen und für Einheimische mag die Angabe der Wanderroute, die Heinrich wichtig ist, interessant sein. Jedem anderen Leser ist sie zu empfehlen.

So ein Rundgang, besonders allein, über schlechte Wege, über Wiesen, vorbei an kleinsten Siedlungen, arbeitenden Menschen, die für uns, bis wir ein wenig anhalten, nach ihrem Tag, ihrem Tun fragen, gute Bekannte sind, die wir noch nicht kannten. Weiter durch den kühlenden Wald zur gleichnamigen Kapelle, erbaut an einem Kraftort, in der wir uns, gleich welchen Glaubens oder ohne, unseren Gedanken überlassen, geht beinahe einig mit einem Aufenthalt in entfernten Mönchsklöstern, oder auch in näheren, wohin Menschen fliegen oder fahren, wenn sie sich selbst verloren haben. Eine ruhige Wanderung führt uns heim zu uns selbst. Bist du traurig oder einsam, bleib stehen, umarme kräftige Bäume im Wald, erzähle ihnen von dir, lass die Tränen fließen, bis sie von selber aufhören. Gekräftigt trittst du den Heimweg an.

Nach wie vor liebte Heinrich seine Arbeit und blieb erfolgreich. Er war dankbar für die unfallfreien Abtragungen großer Objekte. Mit Überlegung, ohne Eile, dafür mit Ausdauer ging er die Sache an. *„Langsam und ziegsam" (beharrlich)*, nennt er das. Der Schneidbrenner war sein Haupt-Werkzeug. Als Arbeitsschutz trug er eine blaue Latzhose, einen Hut und meistens Gummistiefel. Fragte jemand nach ihm, hieß es: *„Dort drüben, der Mann mit dem Hut."*

Ein begabter Steinhauer schuf eine recht gute Skulptur von dem Mann mit dem Hut, den Schneidbrenner in der Hand, Alteisen und Buntmetall trennend. Vor seinem Geburts- und Wohnhaus steht er, einige Meter neben seiner Eingangstüre, der steinerne Heinrich. Blumenumrankt im Sommer, viel Schnee zu seinen Füßen im Winter. Höbe er die Augen, sähe er sich umringt von vielen steinernen Freunden, wie einem großen Löwen, einem Adler, einer Eule, zwei Störchen, einem Habicht, einer Schildkröte. Bisamratte und Fuchs vertragen sich dort, das Pferd hat nichts gegen die Kuh, das Kamel trägt seinen Kopf hoch. Der gestiefelte Kater, der schaut sich das an. Ein

Krautbottich aus dem Jahre 1620 und verschieden große Wassergrander stehen bereit. Obstmühlsteine von ein bis ein Meter dreißig Durchmesser ruhen sich aus. Steinerne Tische sind zu sehen, dazu die Bänke, ein Marterl, wertvolle Türgerichte und Türbögen, versehen mit Jahreszahl und Namen, schließen sich an. Eine wertvolle Sammlung aus behauenem Stein, hat Heinrich zusammengetragen. Das Steinhauerblut mag ihn dazu aufgefordert haben.

Am Sonntag, den 25. Jänner 1987, war in der Zeitung unter „Lokales" zu lesen: „Augenspezialisten in Linz kämpfen um die Sehkraft des Fahrzeug- und Schrotthändlers Heinrich Grünzweil (50) aus St. Johann am Wimberg."

Am Tag des Unglücks, am Samstagvormittag, war Heinrich zur Lagerhalle und Werkstatt gegangen. Sein Vorhaben: den Firmenlastwagen reparieren. Am Abend zuvor, am Freitag, auf der Heimfahrt von Linz war der Dieseltank schon recht leer geworden. Die nächste Tankstelle war nicht weit. Wegen großer Kälte war sie nicht in Betrieb. Alles eingefroren. *„Eine kommt noch"*, fährt Heinrich weiter. Selbes Pech bei der Lagerhaus-Tankstelle in Zwettl an der Rodel. Mit dem letzten Rest schnauft der LKW Richtung Petersberg, stirbt ab. Heinrich steigt aus, putzt Schauglas und Filter. Das Fahrzeug springt wieder an. Bald gibt es wieder den Geist auf. Heinrich putzt erneut. Ein drittes Mal mag er nicht weiter, der LKW. Fast vier Stunden ist Heinrich in dieser Kälte von Zwettl aus schon unterwegs. Vierzig Minuten braucht er normalerweise. Endlich stottert er zur Lagerhalle und Werkstatt. Heinrich überlegt: *„Die Filter und die Dieselleitungen werden verschmutzt sein, vom letzten Rest aus dem Tank, weil er nicht mehr ordentlich ziehen wollte. Die putz ich morgen."* Er verlässt die Werkstatt und geht durch die eisige Kälte am schon späten, dunklen Abend zum erhellten Wohnhaus hinab. Immer ein Lichtblick. Gemütlich leuchtet es aus den Fenstern. Schon fühlt er die Wärme, die Geborgenheit, die die Familie einander gibt. Müde, schmutzig und hungrig tritt er ein, zuhause bei Frau und Kindern, die schon auf ihn warten.

Heinrich ist bis heute ein Frühaufsteher. *„Morgenstund hat Gold im Mund"*, daran hält er sich. Der vierzehnjährige Sohn

Erich begleitete ihn, um zu helfen und gleichzeitig zu lernen. Heinrich werkte schon am Fahrzeug. Alles war eingefroren. Er holte den Schneidbrenner, um mit der Flamme, aus einiger Entfernung, die Dieselleitungen anzuwärmen. Da kam ein Kunde. Er schickte den Sohn hinaus zum Kunden und zum Lagerplatz, wo der Käufer etwas Geeignetes für sein Vorhaben zu finden hoffte. Kaum hatte Erich die Werkstatt verlassen, hörte er den lauten Knall einer Explosion, rannte zurück, sah eine Stichflamme, löschte den brennenden Lastwagen, sah den Vater, der sich mit einer Hand daran abstützte, die andere hielt er über die Augen. Geistesgegenwärtig rief Erich sofort den Arzt. Die Rettung brachte Heinrich ins Spital nach Rohrbach und weiter in die Augenabteilung des Allgemeinen Krankenhauses. Im Tank war der Diesel-Rest explodiert. Durch den entstandenen Druck flog der Tankdeckel wie ein Geschoß in Heinrichs Gesicht und verletzte ihm die Augen schwer. Zum Glück drohte keine Erblindung.

Monika, sein drittes Kind, liegt Heinrich besonders am Herzen. Ein aufgewecktes Kleinkind soll sie gewesen sein, von dem Verwandte und Nachbarn schwärmten. Dann geschah ein Unglück. Vater und Mutter waren mit der Heuernte beschäftigt, Heinz und Hannelore mit auf der Wiese, nicht weit vom Haus. Für den Mittagsschlaf hatte die Mutter die kleine Monika in das Elternschlafzimmer im ersten Stock gelegt. Es war sehr heiß, sie ließ das Fenster auf der bereits schattigen Ostseite offen, das Kind sollte gute Luft haben. In der schweißtreibenden Hitze wendeten sie das Heu. Nach einiger Zeit hörten sie einen Schrei. Gemeinsam liefen sie zum Haus und fanden das Kind unter dem Fenster auf dem dortigen Sandhaufen, der vom Hausbau übrig geblieben war. Niemand hätte gedacht, dass Monika, die zwar schon stehen konnte, sich aber noch als Vierfüßler fortbewegte, es schaffen könnte, auf das Fenster zu klettern. Am niedrigen Nachtkästchen hatte sie sich hochgezogen, schob dieses zum nahen Fenster, kletterte hinauf um hinaus zu schauen. Dabei war es leider nicht geblieben. Beide Eltern bückten sich um das weinende Kind. In den Armen der Mutter tröstete sie sich. Es fand sich keine Abschürfung, auch sonst zeigte sich nichts. Einen Arzt besuchten sie daher nicht, was Heinrich später sehr leid tat. Als sie schließlich gehen konnte, drehte sie die Zehen nach innen und stolperte oft. War es eine Folge des Fenstersturzes? War es angeboren? Einmal fiel sie von einem Lastwagen-Anhänger herunter, genau auf den Kopf. Kinder machen oft spaßige Sachen. Die jüngere Schwester Silvia und Monika sperrten sich im Elternschlafzimmer ein. Einige Zeit später gelang es ihnen nicht, die Türe wieder zu öffnen. So beschlossen sie, aus dem Fenster auf den Sandhaufen zu springen. Silvia machte das nichts aus, Monika fiel ungünstig. Eltern wissen, es ist ein Glück, Kinder, ohne gravierende Unfälle, groß zu bekommen.

Silvia und Monika besuchten gemeinsam die Schule. Miteinander gingen sie über den Ederhügel nach St. Johann. Monika brauchte für alle Arbeiten etwas länger, so beschloss die Direktorin, das Kind einer Sonderschule zuzuweisen, nach Peuerbach, in das Internat. Silvia vermisste Monika sehr. Waren sie doch ein Herz und eine Seele gewesen. Bis zum Ende der Schulzeit musste sie auf die Schwester verzichten. Dann kam diese wieder nach Hause. Körperlich schlechter, als zuvor. Das Gehen war und ist bis heute mühsam, ohne Gehhilfe kaum möglich. In der Werkstätte Elisabeth, in Altenfelden fand sie Arbeit. Bis heute – sie ist über fünfzig Jahre alt – geht sie sehr gerne dort hin. Spaß haben die Leutchen miteinander. Monika kann gut stricken, plaudert und lacht gerne.

Das Schönste in ihrem Leben: Als sie wieder bei der Familie lebte, kam ein Schulfreund aus der Internatszeit zu Besuch. Die Freude war groß, Peter wieder zu sehen. Peter hatte es nicht gut. Seine Eltern waren kaum in der Lage, ihn zu unterstützen, sie hätten selber Hilfe bitter nötig gehabt. Peter war mit seinem Moped aus Steyr angereist. Seine Familie lebte dort und er hatte auch einen Arbeitsplatz. Auf der gerade begonnenen Rückfahrt verunglückte er mit seinem Moped in einer Kurve nahe dem Haus und brach sich ein Bein. Eine Woche verbrachte er im Krankenhaus. Als er in Steyr wieder zur Arbeit gehen wollte, war er gekündigt. Er hatte seinen Chef nicht benachrichtigt. Es kann sein, er wusste nicht, wie er das hätte angehen sollen. Ein Handy besaß er nicht, wer weiß schon auswendig eine

Telefonnummer. Es ist schwierig, sich zu helfen, wenn man nicht weiß wie. Die Familie Grünzweil beschloss, er könne in der Firma mithelfen. Das Unglück mit dem Beinbruch wurde zum Segen für ihn. Die beiden erhielten eine geräumige Wohnung im Elternhaus. Peter führt den Haushalt und tut alles für Monika. Kann sie auf Reha gehen, ist er traurig, bis sie wieder kommt. Diese beiden Menschen, bei denen es anfangs nicht gut aussah, haben ein mehr oder weniger sorgloses, von der Familie behütetes Glück, finden dürfen. Vater Grünzweil ist von Herzen froh darüber. Essen auf Rädern genießen die beiden Männer täglich miteinander, mit Monika an Wocheneden.

Anlässlich eines Frühlingsspazierganges entlang einer mit Maulwurfhaufen übersäten Wiese erzählte Heinrich die Geschichte des „Mauseimannes". So wurde dieser genannt, hatte aber mit den damals noch nicht geschützten Maulwürfen sein Geschäft gemacht. Auf den braun gehäufelten Wiesen setzte er Fallen. Bei manchem Haus brauchte man ihn im Garten. Sein Geschäft war das schöne dunkle Fell dieser Tiere, das er gut verkaufen konnte, nachdem er es zum Trocknen aufgespannt hatte. Tabakbeutel wurden daraus hergestellt, auch Geldbeutel, Schals, Hauben und anderes.

Der Mauseimann besaß ein Haus und war verheiratet. Seine große, fesche Frau wirtschaftete gut. Bei ihnen im Haus lebte eine Schwester der Frau, die klein und rund war, mit eher langsamen Gedanken. Pumbsei wurde sie ihres pummeligen Aussehens wegen, liebevoll genannt. Während des Krieges kamen Soldaten und fragten nach der kleinen Person. Sie sei nicht da, hieß es. Die nicht gerade feinfühligen Soldaten stürmten das Haus, fanden die Frau, nahmen sie kurzerhand mit, brachten sie nie wieder. Niemandem hatte das Pumbsei je etwas zu leide getan. Die einen waren erschüttert, die andern sagten: *„Endli sand's abgfahrn mit ihr."*

Der Mauseimann besaß auch einen Webstuhl. Kunden schnitten alte Kleidung, Wäsche, Stoffreste in Streifen, nähten diese zu einem Endlosband. Daraus entstanden nach Wunsch, kürzere oder längere, breitere oder schmälere, bunte Fleckerlteppiche.

Als der Mauseimann längst gestorben war, der Webstuhl aber noch da stand, wie das halt so ist, dass Dinge uns weit überleben, hat Heinrich ihn gekauft und seinem Museum einverleibt. Gebrauchstüchtig zeigt er sich den Besuchern.

Ja, dieser Mauseimann tat die verschiedensten Dinge, bei denen uns heute die Haare zu Berge stehen. Gab es auf einem Hof, Häusl oder Haus schon all zu viele Katzen, was eigentlich dauernd passierte – sie wurden nicht, wie heute, kastriert – brachten die Besitzer die armen Dinger zum uns schon bekannten Mauseimann. Dieser hatte ein Loch in seine Stubentür gebohrt, was ja noch nicht tragisch wäre. An einem Ende einer längeren Schnur machte er eine Schlaufe, fädelte das andere Ende durch, zog daran bis der Kreis sich der Halsweite der Katze näherte. Dieses Ende legte er der Katze an, das offene fädelte er durch das Türloch, verließ die Stube, schloss die Tür. Bis dahin hatte die Katze noch nicht geahnt, was auf sie zukommen würde.

Das Fleisch aß die Familie. Das Fell spannte er neben die der Maulwürfe. Katzenfell war ein gutes Geschäft.

Nicht, dass der Mauseimann ein schlechter Mensch gewesen wäre. Ganz und gar nicht. Zweifelsfrei hätte er sich ein anderes Geschäft auch vorstellen können, ein bequemeres, als auf Wiesen herum zu knien, Fallen in Gänge der zu fangenden Tiere zu setzen, Beobachtungsgänge, Einsammeln der Beute, das Fell abziehen, das schöne schwarze Fell der kleinen unschuldigen Viecherl. Ebenso mag das Töten der Katzen kein Spaß für ihn gewesen sein, sonst hätte er das Loch in der Tür ja nicht gebraucht. Das was wir nicht sehen, ist nicht so schlimm für uns. Nicht hinschauen? Nicht genau schauen? In einer Welt voller Lügen sind wir aufgewachsen, in einer Welt voller Lügen halten wir uns auf, fühlen uns nicht schlecht dabei, vergessen rasch.

Kleines Geld zum Überleben wurde gemacht, wie es gemacht werden konnte. Großes bis heute genau so. Immer auf Kosten anderer.

Wer in der Wirtschaft tätig ist, muss ständig flexibel bleiben. Im Sekundär-Rohstoffhandel gingen die Preise auf und ab. Konnte wenig exportiert werden, war es oft schwierig den Kunden die niedrigeren Verkaufspreise plausibel zu machen. Es konnte der vorige Einkaufspreis nicht gehalten werden. Eisen wurde auch gelagert, bis die Preise wieder anzogen, so ferne genug Platz vorhanden war und das Geld reichte.

Schließlich verfielen die Preise ordentlich. Billige Importe aus China wurden von der Stahlindustrie bevorzugt. Heinrich betrieb das Eisengeschäft zwar weiter, aber es war nicht mehr so ertragreich. Ein neuer Aufschwung kam nach einigen Jahren erneut. Der Handel mit Alteisen, Buntmetallen und so weiter, ist abhängig von der Weltwirtschaft. 2019 gibt es erneut einen Einbruch. Hat der strohblonde Amerikaner etwas damit zu tun?

Heinrich hatte schon vorausgedacht. Einen tragfähig gemauerten Keller an der Hanglage abwärts von der Straße hatte er erbaut, der die Grundlage für seinen geplanten Gasthof mit Fremdenzimmern bildete, den er bis zum Weiterbau als Lagerraum benützte. Auf seinen Geschäftsreisen hatte er den florierenden Tourismus gesehen, der ihn bewogen hatte, diesen Abstellraum so zu gestalten, dass das Vorantreiben des Gebäudes flott vor sich gehen konnte. Die Hanglage war mit dem Keller überwunden, der Eingang konnte ebenerdig zur Straße errichtet werden. Die Schlackenziegel für die Grundmauern hatte er selber geschlagen. Seine Frau Berta, die immer eine gute Arbeitsgefährtin für ihn war, unterstützte ihn.

Hatte er Geld, kauft er Ziegel und baute weiter. Seinem Grundsatz, keinen Kredit zu nehmen, blieb er auch bei diesem Unternehmen treu. Nachdem das Erdgeschoss mit Decke fertig war, gab es eine Bau-Pause. Als er dachte, das Geld müsse für den Weiterbau reichen, wuchs der erste Stock hinan, darüber das schützende Dach. Nach der Ausfertigung präsentierte sich ein großes, ansprechendes, herrschaftliches Gebäude, alleinstehend, nahe der Straße, neben Wald und Wiese. Die Gaststube ging bald in Betrieb. Heinrichs Töchter hatten das Kochen erlernt, Sohn Martin die Tourismusschule in Bad Leonfelden abgeschlossen. Ein Koch wurde eingestellt, die Töchter und Söhne, die nicht in der Küche beschäftigt waren, servierten. Jedes von Heinrichs erwachsenen Kindern hatte seine Aufgabe.

Speisenplanung, Einkaufen, Vorratshaltung, Speisen-Berechnung, Getränke, Kochen, Gedecke auflegen, Servieren, Kassieren, Abwaschen, Putzen.

Heinrich kümmerte sich um die Gäste. Viele kannte er, fragte nach ihrer Zufriedenheit, andere, woher sie kämen, wie es dort sei. Er erzählte vom Mühlviertel, die Geschichte der Ruine Waxenberg, von Maximilian dem I., dem letzten Ritter, der 1486 römisch deutscher König geworden war und ab 1508 Kaiser des Heiligen römischen Reiches, in dessen Besitz die Grafschaft Waxenberg war. Weiter, von den Waxenberger Rittern, die nicht aussterben. Alle zwei Jahre gibt es Ritterspiele, die an das ritterliche Gedankengut erinnern. Die Ritterschaft Waxenberg ist Mitglied des Bündnisses abendländischer Ritterschaften. Er erwähnte einen Türüberleger eines noch erhaltenen Nebengebäudes der Ruine Waxenberg, in den ein damaliger Steinmetz die Jahreszahl 1291 gemeißelt hatte. Viel könnte dieser Stein erzählen, von den Jahrhunderten, die an ihm vorbeizogen. Vom Landgericht zum Beispiel, das eines der bedeutendsten und ältesten im mittleren Mühlviertel war. Oder vom zweihundert Meter entfernten Schloss Waxenberg, das vermutlich Anfang des 17. Jahrhunderts erbaut wurde, in das die Starhembergs 1756 übersiedelten. Schon mehr als hundert Jahre zuvor, 1644, hatte ein Vorfahr, Konrad Balthasar von Starhemberg, Burg und Herrschaft gekauft und bis heute sind sie im Besitz dieser Familie. Um 1750 sollen 745 Untertanen beschäftigt gewesen sein.

Schloss Wildberg erwähnte er, Burg Piberstein, die kulturellen Veranstaltungen dort. Auch das schöne Schloss Revedera bei Helfenberg, das bis heute bewohnt ist, vergaß er nicht. Viele Jahrhunderte sind seitdem über das Land gegangen und jedes hat seine Geschichte. Mehr schlimme als gute Zeiten für die Bauern, die Häusler, die Werktätigen. Die zur gleichen Zeit guten Jahre, waren reserviert für die Adeligen.

Heinrich ist ein guter, bedächtiger, launiger Erzähler. Mit einem Glas Bier saß er bei den Gästen, die seine Geschichten gerne hörten. Wenn er abends die Abrechnung machte, freute er sich. Es lief.

Lange Zeit hatte das Mühlviertel gebraucht, um sich aufzurappeln, zu lange. Geographisch am Nabel Europas, politisch vierzig Jahre am Ende der Welt. Mut, Fleiß, Ausdauer zeichnen die Mühlvierter aus. Bis heute sind die Menschen aus dem Mühlviertel begehrte Mitarbeiter. In Spitälern die Ärzte und vor allem die Krankenschwestern. In großen und kleinen Betrieben wird ihre Verlässlichkeit, ihr Wissen, ihr Fleiß hoch geschätzt. Auf Granit aufgewachsen, den kargen Böden Leben abgerungen, über Jahrhunderte formte das die Menschen zu festen Charakteren. Kriege, vor allem Religionskriege, fegten über die ohnehin bedürftigen Menschen, ließen sie misstraurisch, scheu und verschlossen werden. Die digitale Welt, die in den letzten Jahrzehnten, wie ein Sturm, gnadenlos, bis in unsere Stuben eindrang, veränderte Menschen und Land. Was traurig ist, viele Jugendliche kommen nach abgeschlossenem Studium nicht mehr zurück in ihre, nach wie vor, geliebte Heimat. Sie verstädtern, gewöhnen sich an Häuserzeilen, oft ohne Bäume, nehmen, außer den Kinos, kulturelle Angebote kaum wahr. Ein ordentliches Kino gibt es im Bezirk Rohrbach 2019 noch immer nicht, auch kein öffentliches Hallenbad. Versäumnisse an Jung und Alt.

Natürlich wusste Heinrich, ein abgelegenes Gasthaus, wenn auch in heimeliger, hügeliger, Wald und Wiesen umgebener Landschaft, die sein Großvater als Paradies bezeichnet hatte, braucht Events um Gäste anzulocken. Seit er zu bauen begonnen hatte liefen Bilder in seinem Kopf.

Da kam ihm 1980 zu Ohren, das Stift Schlägl verkaufe den Dampfkessel der aufgelassenen Huber-Säge in Aigen, die in einen Folgekonkurs geschlittert war, was schlimme Folgen für den ehemals erfolgreichen Besitzer zeitigte. Die Familie fand ihn in der Garage.

Heinrich nahm mit dem Stift Kontakt auf und bot zehntausend Schillinge. Man teilte ihm mit, ein Unternehmer aus Deutschland biete vierzigtausend. Das war Heinrich zu teuer. Mehr als Zehntausend wollte er keinesfalls zahlen. Nach einigen Monaten erhielt er einen Anruf aus der Stiftskanzlei. Der Deutsche sei zurückgetreten, er könne den Dampfkessel für sein Angebot haben. Das war eine große Freude für den vorausschauend planenden Mann.

So schnell wie möglich, machte er sich an die organisatorischen Arbeiten, für die Abholung des Dampfkessels. Von der Firma Kern in Linz lieh er ein großes Kranfahrzeug, ein anderer Freund kam mit LKW und Tieflader. Von besonderer Bedeutung war die Seilwinde. Der Dampfkessel stand im Kellerbereich des Sägewerkes. Es war eine langwierige Arbeit, diesen ohne Beschädigung herauszuholen. Der große eiserne Rauchfang musste abgebaut werden, dazu verschiedene andere Teile. Das Gewicht belief sich auf dreißig Tonnen, zweihundertfünfzehn PS schaffte er. Den ganzen Tag arbeitete Heinrich mit Helfern, auch seine Söhne packten mit an. Um einundzwanzig Uhr war es soweit. Langsam fuhren die Fahrzeuge an, nur langsam ging es weiter nach Petersberg. In den Dörfern, durch die sie kamen – das erste Baureith – liefen die Leute aus den Häusern, oder schauten aus den Fenstern, sobald sie den außergewöhnlichen Lärm hörten. Auf den schmalen Straßen bergauf, mit den vielen Kurven auf der letzten Strecke heimwärts, war besondere Aufmerksamkeit nötig. Ein Platz für diese, für Heinrich ganz besondere Kostbarkeit, war vor dem Gasthof schon vorbereitet. Das mühsame Herbeiholen, das Abladen und Aufstellen haben sich gelohnt, wie wir noch sehen werden. Es entstand ein neues Ausflugsziel im Oberen Mühlviertel, das „Gasthaus zum Dampfkessel" der Familie Grünzweil.

Das erste Dampfkesselfest fand 1981 statt, zusammen mit dem Feuerwehrfest. Dabei stand der 1943 in Nürnberg gebaute Dampfkessel, nicht nur ruhig zum Anschauen da. Repariert, renoviert und frisch gestrichen wurde er zum Leben erweckt. Fünftausend Liter Wasser schluckte er und eine Menge Holz. Die Maschine, die, in der Zeit der Industrialisierung, eine große Rolle gespielt hatte, ratterte, die Riemen liefen über die Scheiben, was aus dem Rauchfang kam, war nicht zu übersehen. Ein aufgetürmter Stoß von Scheitern, dazu ein Heizer, der diese nach Bedarf ins Feuer schob, sorgten für den Fortgang der Belustigung. Musik spielte auf. Heinrich war glücklich, rundum glücklich. Seine Idee ging auf. Von weit und breit kamen die Gäste, neugierig, fröhlich, hungrig, durstig. Viele Tische, Gegrilltes und jede Menge Getränke sorgten für Wohlbefinden. Die ganze Familie war beschäftigt.

Heinrich war das noch nicht genug. 1982 gründete er den Dampfkessel-Verein Petersberg. Zehn Mitglieder, darunter Heinrich und sein Sohn Heinz, alle hatten beim Abbau in Aigen-Schlägl und beim Wiederaufbau vor dem Gasthof mitgeholfen, trafen sich, waren lustig, zogen andere an. Neben der Mithilfe beim Kulturgüter Sammeln und Vorführen bei Festen, galt als Hauptziel, die örtliche Kultur zu fördern. Talenten aus der Umgebung sollte die Möglichkeit gegeben werden, aufzutreten, sich darzustellen, gleich, ob es sich um volkstümliche Musik, Literatur oder Kleinkunst handelte.

Dampfkesselfeste wurden immer wieder veranstaltet, dauerten bis zu drei Tage. Ein eigens für diese Feste zusammengestelltes Dampfkesselessen und eine Dampfkesseljause gaben dem Ganzen eine besondere Note. Was gängig war, wurde gekocht: Ein Teller, gefüllt mit Geselchtem, mit Schopfbraten, dazu warmer Krautsalat, Mehlknödel und Kartoffeln. Die Mühlviertler Mehlknödel sind eine besondere Delikatesse, nicht jede Hausfrau bringt sie so zustande, wie sie sein sollen, schön trocken im Inneren, zum eher fettigen Bratensafterl. Auf einem Holzteller wurde die Jause serviert. Zu Geselchtem und Gebratenem durfte Speck nicht fehlen, Krakauer, Topfenkäse, Gurkerl, Kren, Senf und als Draufgabe ein, Stamperl Schnaps.

Mit Freude und Stolz, geht der alternde Heinrich heute noch zum Dampfkessel, der gewartet glänzt, wie eh und je, und zum Gasthof. Seine Pläne sind aufgegangen. Auch ein wenig Wehmut schwingt mit. Das Leben ist ein Geschenk, das einem auch wieder genommen wird. Dennoch blickt er dankbar zurück. Zurück auf seine Erfolge, zurück auf das Leben mit seiner fleißigen Frau, der liebevollen Mutter, zurück auf alle seine Kinder und Enkelkinder. Das Leben wird vollendet sein, eines Tages.

Nach dem Ausbau des großen Saales, der einhundertsiebzig Sitzplätze bot, wurde der Gasthof ein bevorzugter Platz für Bus-Reisende. Für die Bus-Chauffeure gab es kein Parkplatzproblem. Vor der Eingangstüre stiegen die Gäste aus. An nicht wenigen Tagen reisten drei Busse an, was bis zu einhundertfünfzig hungrige Menschen bedeutete. Da die Familie fest zupackte, alles gut geregelt war, liefen auch solche Tage zur allgemeinen

Zufriedenheit ab. Die Familie bot gute, bürgerliche Küche, dazu Spezialitäten des Hauses, wie Entenschmaus, Wildbret-Wochen, hausgemachte Mehlspeisen, das alles zu gediegenen Preisen.

Mutter Berta half, wo es Not tat. Sie sorgte für die Familie mit Zwischenmahlzeiten, wie zum Beispiel Toast. Sie war der Ruhepunkt im Getriebe.

Heinrich hatte viele Interessen. Immer schon hatte er alte Dinge gesammelt. Im Untergeschoß des Gasthofes richtete er sein „Mühlviertler Kulturgüter-Museum" ein. Dort fanden sich alte Werkzeuge und wunderbare Möbelstücke. Kästen, Truhen, Tische, Uhren, Kreuze, zierliche Küchenborde für Teller und vieles mehr, alles aus dem 18. und 19. Jahrhundert. Es gab Führungen für interessierte Gäste. Ein Verwandter von Heinrich, der begnadete Hobbyfotograf Fritz, gestaltete ein wunderbares Buch über diese Altertümer. Verwandte und Freunde sind im Besitz eines solchen Werkes. Als Heinrich in Pension ging, wieder zurück in sein Geburtshaus zog, übersiedelte er auch die Museumsstücke dahin, ansehnlich auf den großen Dachboden. Fast jeden Tag geht er hinauf, denkt an die Geschichten, wie er die Artefakte erwarb, ordnet, wischt Staub, kehrt Fliegen, stellt vor dem Haus eine neue Kreation auf. Eine alte, verbeulte, blaue Rein setzt er auf einen ebenso alten Tisch, Eisenkugeln in Knödel-Größe kommen hinein, dazu ein blecherner, etwas verbogener Schöpflöffel. Fertig ist die Suppe für das Mittagessen erst dann, wenn es geregnet hat. Eine wirkungsvolle Einladung, das Museum zu besuchen.

Das erste Oktoberfest, das Heinrich ausrichtete, ging im Kulturgüter-Museum über die Bühne. Als Festwirt hatte er sich einiges einfallen lassen. Alte handwerkliche Arbeiten wurden vorgeführt, unter anderem das Holzwasserrohr-Handbohren, Bauholz hacken, Fassbinder-Arbeiten. Auch die Gäste konnten ihre Geschicklichkeit unter Beweis stellen. Ein Gewinnspiel hatte er vorbereitet, an dem rege Anteil genommen wurde. In schmucken Trachten tauchten die Besucher auf, es wurde das schönste Trachtenpärchen gesucht. Ein Publikumsmagnet war die Mitternachtseinlage. Die Behans'n Musi sorgte für gute Stimmung im Saal. Die Schuhplattler-Gruppe aus St. Peter begeisterte mit gekonnten Showeinlagen. Nebenan im Tanzcafé „Paradies“, welches Heinrich der Gaststube und dem Saal anschloss, herrschte Hochbetrieb. Von Freitag bis Sonntag ging es lustig zu in dieser einsamen Gegend von Petersberg. Die Leute freuten sich, es war etwas los im sonst eher eintönigen Leben. Der Dampfkessel, immer wieder eine Sensation, war an allen drei Tagen in Betrieb.

Heinrich übersiedelte mit der ganzen Familie ins Obergeschoss seines Gasthauses. Viel Freude hatte ihm die Ausfertigung der Räume gemacht. Immer wieder war er von Tür zu Tür gegangen, konnte es selbst kaum glauben wie schön alles war. Manchmal kam ihm der Gedanke an die dunkle Kammer neben dem Rübenkeller, in die er mit zwölf Jahren gezogen war. Ein wenig blieb er mit diesen Bildern im Kopf stehen. Dann überwältigte es ihn wieder: Jedes der acht Kinder bekommt nun ein eigenes, neues Zimmer. Das hat er geschafft, er, Heinrich.

Mit sechzig Jahren, für seinen Tatendrang viel zu früh, zog sich Heinrich von den geschäftlichen Arbeiten zurück und ging in Pension. Die Söhne Heinz, Erich und Martin arbeiteten in einer KEG zusammen. Nach drei Jahren wurde diese wieder aufgelöst, der Betrieb ging auf Sohn Martin über.

Nichtstun hielt Heinrich nicht aus. Erneut kaufte er einen Lastwagen, meldete das Gewerbe wieder an, kaufte und verkaufte Alteisen. Er erzählt, er habe sich ein anderes Gebiet gesucht, einen Lagerplatz in einer Schottergrube in der Nähe von Eferding, um seinem Sohn Martin geschäftlich nicht zu schaden. So ganz einfach war das bestimmt nicht. Mit Sohn Heinz, der mit ihm arbeitete, war er unterwegs wie eh und je. Erst als er beinahe achtzig Jahre alt geworden war, seine Frau erkrankte, überließ er dem Sohn den Lastwagen und zog sich zurück. Öfter erzählt er beim Frühstück heute Nacht hätte er wieder gute Geschäfte gemacht und lacht. Der kleine, beliebte Hüterbub, der erfolgreiche Geschäftsmann kann auf ein erfülltes Leben zurückblicken.

An einem Samstag im Herbst, es muss im Jahre 2000 gewesen sein, Heinrich war vierundsechzig Jahre alt, lehnte er um die

Mittagszeit eine Leiter an einen kräftigen Ast seines Zwetschgenbaumes, nahm einen Kübel zur Hand, stieg hinan, hinein in das Blau der Früchte. Den Geschmack fand er herrlich, wie jedes Jahr. Wie die Natur uns doch beschenkt! Hier kann er essen, so viel er will, es ist nicht wie damals bei den Erdbeeren, auch nicht wie damals, als seine Schwester Wilhelmine ihm drohte. Der Kübel füllte sich. Ein Knacksen, ein Krach, der Ast brach, Heinrich stürzte samt der Leiter über die Böschung an der Ostseite seines Elternhauses. Nach dem ersten Schock versuchte er trotz der Schmerzen aufzustehen. Es ging nicht. Er rief um Hilfe. Niemand hörte ihn. Die ganze Familie arbeitete im Gasthaus, hundertfünfzig Meter oberhalb westlich des Wohnhauses. Sie bekochten und bedienten Reisebusgäste. Es war üblich, die Belegschaft setzte sich nach der Hauptarbeit zusammen, aß und plauderte. Auch Vater Heinrich kam dazu, er machte ja die Kasse. An jenem Tag kam er nicht. *„Was macht er denn?"*, überlegten Mutter Berta und Tochter Silvia, welche anschließend Nachschau hielt. Im Museum war er nicht, nicht im Haus. Sie lief bergab, Richtung Teich. Da sah sie ihn schwer verletzt auf der Wiese liegen. Über eine Stunde hatte er auf diese Weise ausgeharrt. Sofort verständigte sie Notarzt und Rettung. Angefordert wurde dann ein Rettungshubschrauber, der den Schwerverletzten ins Krankenhaus Rohrbach brachte. Die rechte Hand war gebrochen, das Becken vierfach, die Milz verletzt, dazu Prellungen und genug blaue Flecken. So schnell konnte er das Spital nicht wieder verlassen. Da seine Geduld beim Nichtstun nicht allzu groß ist, verlangte er nach Hause. Das war aber nur möglich, weil seine Schwiegertochter Klaudia, die zuhause mit ihrer Familie im schönen Anbau wohnt, sich von den Ärzten auf Behandlung, wie zum Beispiel tägliche Infusionen und Pflege, einschulen ließ. Er sagt, zuhause habe er ein sehr gutes Heilergebnis gehabt, habe seine Arbeiten nach einiger Zeit wieder aufnehmen können, wenn auch noch vier Wochen im Rollstuhl. Schmunzelnd meint er: *„Alles ist wieder gut ausgegangen, wie es halt bei Sonntagskindern ist."* Seine Schwiegertochter Klaudia schätzt er sehr.

Der Geschäftsmann

Der Mann mit dem Hut

Heinrich heizt den Dampfkessel

Der Gasthof im wunderschönen Mühlviertel

Heinrich der Alteisen-Händler

Der alternde Heinrich vor seinem Haus

Der Gastwirt

Die Lagerhalle

Goldene Hochzeit

Mehrmals im Jahr fährt Heinrich nach Hartkirchen. Dort besucht er den Friedhof. Er steht vor einem Grab, vor dem er lieber nicht stünde. Der Herbert. Er hat so viel zuhause gearbeitet. Beim Vater. In der Halle. Auf dem Lagerplatz. Mit dem Lieferwagen ist er weit herumgekommen. Ein guter Schüler war er in der Hauptschule. Wiederholen sich Ereignisse in Familien? Bruder Adolf war auch ein guter Schüler gewesen. Nach der Schule arbeitete Herbert bei der Baufirma Simader als Bauhelfer. Große Hände hatte er zum Zupacken. Hätte er besser einem Lehrberuf nachgehen sollen? Oder eine weitere Schule besuchen?

Später arbeitete er bei der Steinbaufirma Strasser in St. Martin. Als Stapler-Fahrer. Warum ist die Beziehung zu Freundin Daniela auseinandergegangen?

Eine neue Freundin aus Hartkirchen kam in sein Leben. Dort hin übersiedelte er. Auf Katharinas Bauernhof. Auch die Arbeit verlegte er in die Nähe, nach Aschach, zur Firma Garant. Wieder fuhr er mit dem Stapler. Zusätzlich half er auf dem Bauernhof. Sohn Dominik wurde geboren. Hätte sein Leben nicht schön sein können? Warum war es das nicht? Er liebte seinen Sohn über alles. Es heißt, öfter sei er nach der Arbeit nicht gleich nach Hause gekommen, hätte sich irgendwo noch ein Bier gegönnt. Es kam zu Zwistigkeiten zwischen Katharina und Herbert. War es mehr als ein Bier? Blieb er lange sitzen? Heinrich weiß das nicht. Selber kehrte er nach der Arbeit auch noch gerne zu, kam er mit dem Lastwagen an einem bekannten Wirtshaus vorbei. Dort konnte er Neues erfahren.

Herbert wurde krank. Zwei Kopftumore. Der bösartige wurde im Wagner-Jauregg Spital operiert. Es hätte ihm besser gehen müssen. Die Familie war voller Hoffnung.

Aber: Wann hat Herbert angefangen mehr zu trinken als ihm gut tat? Was steckte in ihm? Wie war sein Verhältnis zu seinen nachfolgenden beiden Brüdern? War er nicht selbstbewusst genug, sich inmitten der Geschwisterreihe zu behaupten? Trug er etwas in sich, dessen er niemals inne wurde? Fühlte er sich nicht zugehörig? Auch das weiß Heinrich nicht. Eines Tages schmiss Katharina Herberts Bekleidung die Stiege hinab. Das Schlafzimmer war somit tabu für ihn. Dann auch das Haus. Seinen Hund, den er aufgezogen hatte, ließ sie erschießen. Er zog in eine Wohnung in einem Haus neben dem Schulgebäude. Dort konnte er zuschauen, wenn die Kinder zur Schule kamen und ebenso, wenn sie diese wieder verließen. Seinen Sohn wollte er sehen, zu dem der Kontakt unterbunden war. Er stand am Fenster, wenn die Kinder zur Schule kamen, er stand am Fenster, wenn sie diese verließen. Nach kurzer Zeit sah er den Sohn weder kommen noch gehen. Dieser benutzte den Hintereingang. Warum? Wer hat ihm das befohlen? Die Mutter? Ihn, Herbert, sollte das treffen. Schwester Silvia kümmerte sich um den alkoholkranken Bruder. Ein Spielzeug für seinen Sohn hatte er erworben. Gemeinsam versuchten sie das Geschenk zu überbringen. Katharina verjagte sie, warf ihnen das Paket hinterher. Durfte der Vater keinen Sohn mehr haben und der Sohn keinen Vater? War sie so enttäuscht von der Beziehung? Hatte sie ihn, als es mit dem Trinken noch in Ordnung ging, so geliebt? War daher die Wut so groß? Oder ging es um die Arbeitskraft am Abend und an Wochenenden? Das kann nur Katharina wissen. Vielleicht beides. Auch wenn ein liebenswerter Mann in diese Krankheit triftet, ist das für alle ein Elend.

Schwester Silvia, die selbst genug zu tun hatte, fuhr wenigstens drei Mal die Woche zu Herbert. Die beiden kleinen Töchter nahm sie mit. Herbert liebte sie und die beiden ihn. Silvia putzte, wusch die Wäsche, kochte. Gerne erinnert sie sich an die gemeinsamen Essen. Ein wenig lustig war Herbert mit den Kindern. Silvia redete ihm auch gut zu, was natürlich nicht half. Manchmal fand sie eine Flasche von hartem Zeug und schüttete es aus. Später tat sie das nicht mehr. Sie hatte verstanden.

Vater und Mutter besuchten ihn. Die Hoffnung blieb. Die Mutter setzte sich zu ihm und hielt ihm die Hand. Wie hat das alles passieren können? Herbert, das liebe Kind. Herbert, der warmherzige, gutmütige Mann, der sich leicht ausnützten ließ. Dachte er, Zuneigung müsse man kaufen? Wie kam es, dass er den Halt verlor? Wäre es nicht besser er käme nach Hause? Kurze Zeit lebte er im Elternhaus. Wieder zog er nach Hartkirchen. In die Nähe seines Sohnes, wie er sagte. Zuhause, das wollte er nicht. Er wollte auch nicht im Familiengrab beerdigt werden. War da etwas, worüber er nicht sprach? Vater Grünzweil sagt, er liebte und liebe alle Kinder gleichermaßen, jedes auf seine Weise. Mit den Brüdern lief es für Herbert nicht mehr gut. Sollte man ihn zu Familienfesten überhaupt einladen? Was findet sich in Menschen, tief drinnen in ihrer Seele, das sie bearbeitet, sie nicht herausfinden können, sie auf ungewollte Bahnen drängt? Was konnte Herbert nicht finden? Was Adolf?

Herberts Leber litt sehr. Für Innsbruck setzte man ihn auf die Warteliste. Das wurde wieder abgesagt als sein Zustand bekannt geworden war. Es gab nichts mehr. Er wollte auch nicht mehr. *„Wofür“*, meinte er zu Silvia. Er litt mehr und mehr. Durchfälle und Erbrechen bestimmten seinen Tagesablauf. Silvia putzte und putzte und putzte, wusch und wusch. *„Man kann sich das gar nicht vorstellen“*, sagt sie. Manches Kleidungsstück konnte nur noch entsorgt werden. Dann das Spital in Grieskirchen. Etwas Hilfe gegen seinen schlimmen Zustand fand er noch. Seinen Sohn wollte er sehen. Nur seinen Sohn. An der Hand seiner Mutter betrat er das Krankenzimmer. In diesem Augenblick, so wird erzählt, erlitt er einen Schlaganfall. Hätte die Frau nicht draußen warten können? Was wollte sie? Wollte sie sein Elend sehen? Hatte sie Angst um das Kind? Herbert sah seinen Sohn nicht wieder. Vom Schlaganfall erholte er sich. Nach der Reha konnte er sogar wieder halbwegs gehen, was er zuvor, aus Schwäche, kaum schaffte. Arm und Bein waren aber beeinträchtigt. Mutter und Schwestern schöpften Hoffnung. Diese hielt nicht lange. Herberts Suchtkrankheit brachte ihn erneut ins Krankenhaus. Die Eltern wurden verständigt. Die Mutter war verzweifelt. Es fiel ihr schwer ihn zu besuchen. Sie musste das Krankenzimmer verlassen, das Weinen schüttelte sie zu sehr.

Am letzten Tag war Silvia noch bei ihm. *„Morgen komme ich wieder"*, sagte sie. Sie kam. Sie kam an sein Totenbett. Es war der 12. Juli 2010. Der 12. Juli ist Heinrichs Geburtstag.

Heinrich und Berta trauerten. Die Mutter konnte nur schwer akzeptieren, was geschehen war. Die Tage kamen und gingen. Das Alter wurde spürbar. Klaudia, die Schwiegertochter, die mit ihrer Familie im angebauten Haus an das längst stattliche Häusl wohnt, unterstützte die beiden. Bis heute ist sie ein Glücksfall für Heinrich.

Herbert, der nicht mehr arbeiten hatte können, hinterließ Schulden. Die Hoffnung, wieder arbeiten zu können, diese zu bezahlen, hatte er gehabt, bis er an nichts mehr denken konnte, sein Zustand ihn überwältigte. Eine nette Frau hatte ihn, als es ihm noch besser ging, öfter besucht. Er dürfte noch einmal das Gefühl von Verliebtheit und Liebe erfahren haben, denn er finanzierte ein Schlafzimmer für sie, in der Vorstellung, später dort mit ihr leben zu können. Dass die Hoffnung zuletzt stirbt, hatte sich auch bei Herbert bewahrheitet.

Vater Heinrich machte recht, was auf Erden noch recht gemacht werden konnte. Er übernahm die Schulden. Verschüttetes Wasser kann nicht zurückgeholt werden.

Mutter Bertas Verzweiflung über das verstorbene Kind hielt an. Wie hatte alles so kommen können? Etwas Ablenkung fand sie mit den Kindern von Erich und Klaudia, Patrick, Kerstin, und Cornelia. Diese konnte sie aufwachsen sehen. Auch fernsehen lenkte sie ab. Abends saßen Heinrich und Berta oft gemeinsam auf der Couch, hörten Nachrichten, sahen Filme. Eines Abends sagte Berta, sie gehe noch ins Bad. *„Wo bleibt sie denn heute so lange?“*, fragte Heinrich sich. Da kam auch schon Patrick zur Tür herein, die Oma rufe aus dem Badezimmer und brauche Hilfe. Beim Heraussteigen aus der Badewanne war sie ausgerutscht und konnte nicht mehr aufstehen. Wie sich herausstellte hatte sie sich den Oberschenkelhalsknochen gebrochen. Von da an, so erzählt Heinrich, wurde sie nicht mehr richtig gesund. Es kam noch eine andere, gefährliche Krankheit dazu. Die Ärzte rieten ihr zu einer Operation. Sie wollte das nicht. Es müsse auch so wieder gut werden, war ihre Meinung. Ob sie das wirklich glaubte, da ist Heinrich nicht sicher. Er selbst fuhr zum Spital, die Ärzte mögen sie doch operieren. *„Wenn Ihre Frau nicht einwilligt, können wir gar nichts machen“*, war die Antwort. Alles gute Zureden der Familie überzeugte sie nicht. Einige Zeit ging es noch halbwegs gut. Sie wurde schwächer, bekam Schmerzen, konnte nicht mehr aufstehen. Heinrich legte alle Arbeiten, denen er noch nachging, nieder. Zu ihrem Krankenbett, das im Wohnzimmer stand, stellte er eines für sich. Klaudia und besonders die Töchter Hannelore und Silvia, letztere hatte schon Herbert gepflegt, kümmerten sich um die Pflege der Mutter. Dieser ging es schlechter und schlechter. Immer wieder klammerte sie sich an Heinrichs Arm fest. Heinrich war sehr berührt von dieser Umklammerung, wie Klammern ans gemeinsame Leben schien es ihm, welches wohl bald zu Ende gehen würde. Immer stärkere Schmerzmittel brauchte sie. Einmal umklammerte sie Heinrichs Arm und Hand besonders fest. *„Kannst du mir verzeihen?“*, sagte sie dann. Heinrich wusste in diesem Moment nicht, wie ihm geschah. *„Nein“*, dachte er im ersten Moment. Ein Strom von Gefühlen überlief ihn. Gut hatten sie die letzten Jahre miteinander gelebt, gewöhnt und vertraut. Freude an den vielen Enkelkindern gehabt. Sonntags gab es Kaffee und

Kuchen in der elterlichen Stube, wenn die Familien zu Besuch kamen. *„Nie mehr wird es so sein. Nie mehr werden wir gemeinsam auf der Couch sitzen, die Kleinsten im Arm. Die Goldene Hochzeit feierten wir, die Geburtstage aller Familienmitglieder. Arbeiten sehe ich sie. Immer und überall fleißig zupacken. Immer war Essen im Haus, wenn die Kinder von der Schule kamen. Habe ich sie vernachlässigt? Ich habe es nicht anders verstanden. Überall sah ich nur Arbeiten. Die Eheleute redeten nicht viel, sie taten, was zu tun war. War das Liebe? Abends, war das Liebe? Ist das Liebe genug? Ich war besessen von meiner Arbeit."*

Eines Nachts war es so weit. Heinrich wachte über seine Frau als sie starb. Gesagt hatte sie nichts mehr. Nachdem er ihr die Augenlider zugemacht hatte blieb er noch eine lange Weile bei ihr sitzen. Endlich war es Zeit die Kinder zu verständigen. Es war der 2. Dezember 2015. Dreiundfünfzig Ehejahre waren Vergangenheit. *„Ich bin ihr immer noch für ihre viele gute Arbeit in allen Bereichen sehr dankbar"*, sagt Heinrich, wenn das Gespräch auf seine verstorbene Frau kommt.

Einige Zeit nach dem Begräbnis ging Heinrich auf den Friedhof. Lange stand er vor dem Grab. Dann ging er einige Schritte zurück. Unbewusst nickte er mit dem Kopf und sagte: *„Ich verzeihe dir."* Schnell trat er durch das Tor auf die Straße, als ob er Angst hätte es zu widerrufen. An einem anderen Tag kam er wieder, sagte er wisse er habe sich nicht genug Zeit für sie genommen. Bis heute geht er öfter hin, sprengt Weihwasser und macht drei Kreuze über der Ruhestätte.

Nach dem Tod seiner Frau wurde es einsam für Heinrich. Klaudia, die liebe Schwiegertochter, kümmert sich bis heute so gut sie kann, auch Erich. Heinz tritt unvermutet durch die Tür, sein Ältester. Martin mit Frau Evelyn trifft er in der Firma, wohin es ihn immer noch zieht. Alles geht doch so gut weiter. Erika kommt zu Besuch. Monika hat mit Freund Peter ihre eigene Wohnung im Haus. Sie sehen sich. Hannelore, Mann und Kinder, besonders Silvia und ihre Töchter, besuchen ihn häufig, machen dies und das, was er möchte, wie Abstauben in seinem geliebten Museum. Die meiste Zeit ist er doch ganz allein zuhause. Ins Museum geht er jeden Tag selber nachschauen und nachdenken. An den Stücken haften Geschichten, die ihm durch den Kopf gehen, die er genießt. Menschen, die er getroffen hat, Menschen, die er gerne mochte, Menschen, die Interessantes erzählten. Menschen und Schicksale. Anhand der wertvollen Zeugnisse aus früheren Zeiten versammelt er sich mit ihnen. Es kann vorkommen, dass er sagt: *„Du liegst schon auf dem Friedhof.“* Oder: *„Lang haben wir uns nicht gesehen. Ich muss einmal vorbeischauen bei dir.“* Oder: *„Ich erinnere mich noch, ich hab dir deine Frau zugebracht.“* Er denkt nach, wie vielen Freunden er eine Frau zugebracht hat. Als junger Mann war er auf allen Unterhaltungen zu finden gewesen. Nette Mädchen waren ihm untergekommen. An einen guten Freund erinnert er sich, der viel in seiner Firma gearbeitet hatte, ja, er ist auch schon gestorben. Nach und nach wird es einsam. Damals war dieser mit einer jungen Frau befreundet, erinnert Heinrich sich. Sie stammte von einem bereits geschlossenen Wirtshaus ab, wohnte auch dort, Leute trafen sich noch in der Stube. Vor Längerem habe er private Sachen zu ihr gebracht, erzählte der Freund, sei aber nicht mehr glücklich. Sie kepple die ganze Zeit. *„Die passt nicht zu dir“*, sagte Heinrich. *„Ich hol deine Sachen.“* Das hatte dem Freund gut gefallen. Gedacht, getan. Mit zwei Helfern nahm Heinrich in besagter Stube Platz. Mit einem Lieferwagen waren sie gekommen. Nach einiger unbedeutender Plauderei standen die drei auf, flitzten die Stiege hinauf, holten die besprochenen Sachen und verließen das Haus, schnell war alles verstaut. Großes Gezeter folgte ihnen. Sie kümmerten sich nicht, stiegen ein und weg waren sie. *„Man soll nicht dauernd keppeln“*, ob sie diese Lehre zog, wissen Heinrich und der Freund nicht. Die Frau, mit der er später gut verheiratet war, hatte Heinrich ihm verraten. Immer zu Allerheiligen besucht er auch dieses Grab und schaut bei der Witwe vorbei. Überhaupt besucht er um Allerheiligen alle Gräber der Familienangehörigen, ausgenommen das seines Vaters. Viele Fliegen auf dem Boden des Museums bringen ihn wieder in die Gegenwart zurück. Mit Besen und Schaufel rückt er ihnen zu Leibe. *„Ein interessantes Leben habe ich geführt. Jetzt bin ich alt und fühle mich an vielen Tagen einsam, um nicht zu sagen sinnlos.“*

Eines Tages, Heinrich war einundachtzig Jahre alt, seit zwei Jahren Witwer, erhielt er einen Anruf von einer Frau, sie hätte einen Drucker aus den siebziger Jahren. Sie fragte, ob er diesen für sein Museum möchte. *„Eigentlich passt so ein Ding nicht zu meiner Sammlung"*, dachte Heinrich. Dennoch stand er eines Tages an der Haustüre der angegebenen Adresse. Ob er sich etwas setzen wolle, meinte die Frau, als sie nach Begutachtung und Absage aus dem Keller zurückkamen. Ihr schien, er hätte das recht nötig. Ein Glas Wasser tischte sie auf. Da sie sich nicht kannten, plauderten sie ein wenig von sich selbst, von ihren jeweiligen Lebensumständen. *„Haben Sie denn keinen Freund, so gut, wie Sie aussehen, richtig jugendlich gehen Sie umher." „Ja, wo ist denn ein passender, ich sehe keinen"*, lachte die Frau. Nachdem er gegangen war läutete es wieder an der Tür. Mit einer Flasche Maitrunk, eine Mixtur nach Hildegard von Bingen, stand Heinrich da und schmunzelte. Die Frau wollte das nicht, ihn kränken aber auch nicht. So nahm sie das Geschenk an sich, versperrte die Haustüre und wandte sich wieder ihrer Tätigkeit zu. Schnell war der Besuch vergessen. Nicht für Heinrich. *„So eine nette Frau"*, sagte er sich. *„Gut reden ist mit der. Aussehen tut sie auch nicht schlecht. Und ganz allein ist sie"*, phantasierte er vor sich hin, *„so eine nette Frau und ganz alleine. Ganz so schlimm ist es ja nicht. Sie hat Kinder, Enkelkinder und zahlreiche Freunde, wie sie sagte. Und ich? Ich sitze zuhause herum, ohne viel zu tun. Meistens freut mich nichts. Allein vor dem Fernseher, das interessiert mich auch nicht. Genau genommen fühle ich mich trotz Familie, die sich um mich kümmert, nicht lebendig. Richtig nutzlos kommt mir das Leben oft vor. Ich habe viel und gerne gearbeitet, das hat mich ausgefüllt. Jetzt überfällt mich nicht selten eine große Leere."*

Bald fuhr er wieder zu diesem Haus. *„Ich darf nicht locker lassen"*, sagte er sich. Tat es auch nicht. *„So eine Gute, Fesche mit einem angenehmen Gemüt, finde ich nicht schnell wieder."*

Heinrichs geweckter Wunsch war so stark, dass er seine eigenen guten Eigenschaften in die Frau projizierte. Neu gewecktes Leben fühlte er im ganzen Körper. Glück erfüllte ihn.

Sehr erfreut war die ebenfalls alte Frau anfangs nicht. Eigentlich wollte sie ihr Leben nicht umstellen. Ein Glas Leitungswasser tranken sie und plauderten. Mit der Zeit verstand sie, dieser Mann hat einen guten, liebenswürdigen Charakter. Ein wenig öffnete sie ihr Herz. Vorsichtig war sie. Ihre Erfahrungen waren nicht die besten gewesen. Sie hatte durchgehalten bis die Kinder groß genug waren. Dann endlich reichte sie die Scheidung ein. Ein heiliges Gebäude hätte nach ihrer Vorstellung eine Familie sein sollen: Vater, Mutter, Kinder in Geborgenheit. Harmonie gab es kaum. Wie die Frau sich erinnert, der längste Zeitraum, in dem es kein großes, unheilvolles Geschrei und *mehr* gab, war drei Wochen. Oft dachte sie über Schuld oder Nicht-Schuld nach. Darüber, was sie selbst anders machen müsse. In seinen Augen war sie an allem schuld. Passierte ihm fünfzig Kilometer entfernt ein Missgeschick, schrie er sie zuhause nieder. Der für ihn beste Platz seinen Frust abzuladen.

Nachdem sie viele Jahre den Familienwagen gezogen hatte, dieser nicht mehr da war, kam sie aus dem Gleichgewicht. Bis sie aufhörte zu wackeln dauerte es. Eigene Bedürfnisse hatten selten Erfüllung gefunden. Fast immer war es um das Wesentliche, um Heilen, um Trösten, um Zusammen-Flicken, um das Ertragen von Demütigungen, gegangen. Darum, immer wieder zu sich selbst zurück zu finden.

Nach der Scheidung hatte das Unglück ihr sogar einige Zeit gefehlt. Auch an Unglück kannst du dich gewöhnen. Die Höhle in der Magengegend blieb lange Zeit. Für wen sollte sie nun sorgen? Wofür war sie jetzt verantwortlich? Die Kinder, die sie sehr liebte, auch wenn sie oft keine gute Mutter gewesen war, sich aber bemüht hatte eine zu sein, wurden langsam erwachsen. Sie war gewöhnt daran, sich um den schwierigen Mann zu kümmern, der sich auch anderswo immer wieder etwas einbrockte, die Frau öfter auch Auswärtiges schlichten musste. Sie war gewöhnt daran, sorgsam die Finanzen zu planen, damit das Geld für alles reichte, auch für die studierenden Kinder. Sie war gewöhnt daran, für Haus und Garten zu sorgen, was Arbeit bedeutete. Sie bereitete Familienfeste vor, die oft genug von den Launen des Mannes verdorben wurden. All das war ihr neben ihrem Beruf zur Gewohnheit geworden, dass sie sich ohne diese Verpflichtungen beinahe nackt vorkam. Das Leben ging weiter.

Es fragt nicht, ob jemand leidet, oder glücklich ist. Mit der Zeit fand die Frau ein zufriedenes, erfülltes Dasein. Sie erkannte, sie müsse für sich selbst sorgen. Neue Ziele hatte sie sich gesetzt, neue Freunde gewonnen, ihre Fähigkeiten baute sie aus. Endlich konnte sie sein, wer sie war. Das viele-Leute-Gerede, wie zum Beispiel *„ein Schilling allein scheppert nicht"*, an dem sie während der Scheidung sehr gelitten hatte, fegte sie zur Seite. Besonders geschmerzt hatte sie damals die Haltung der eigenen Herkunftsfamilie. Der noch recht junge Neffe, Heribert, sagte anlässlich einer Hochzeitsfeier, bei der die erweiterte Familie zusammengekommen war, recht abfällig zur Frau: *„Scheidung"*, und schüttelte mit urteilendem, schrägem Lächeln den Kopf. Die Frau trafen die Worte des Grünlings. Sie konnte sich vorstellen, was zuhause, bei ihren fleißig zur Kirche gehenden Verwandten, geredet wurde. Zu deren Entschuldigung muss gesagt werden, sie wussten nicht, was sich abgespielt hatte, denn Frauen in solchen Situationen schweigen. Handelten sie nach dem Motto: Was im Himmel verbunden ist, kann auf Erden nicht getrennt werden? *„Nun, im Himmel war ich noch nicht"*, dachte die Frau. *„Ich bin ich"*, sagte sie sich später, *„niemand bestimmt über mich. Ich kann tun, was ich will und zwar für alle Zukunft! Dafür Trage* ***nur ich*** *die Verantwortung. Kleinkariertes Gerede lasse ich ins Leere laufen."* Sie hatte aufgehört erklären zu wollen. Den Kontakt zu den Verwandten reduzierte sie. Der liebende Gott ist eben noch immer nicht fertig erschaffen worden.

Während dieser Zeit verglich die Frau öfter die Erfahrung, einen Partner durch Tod zu verlieren, oder durch Scheidung. Stirbt ein Partner, es bedeutet Schmerz, drücken die Verwandten und Bekannten ihre Anteilnahme aus, ganz gleich, wie gut oder schlecht die Ehe verlaufen war. Die Erbschaft ist geregelt, Schulden sind kaum der Fall, das Leben geht weiter wie zuvor, bis die Trauer sich ein wenig legt, der neue Zustand mit den alten Freunden Gewohnheit wird.

Scheidung bedeutet ebenso Schmerz. Gerne hätte man gut mit dem Partner gelebt. Es gibt Urteile, üble Nachrede, gemeinsame Freunde verlassen fast immer die Frau. Es gibt bösen Tratsch, oft auch von neidischen Nachbarn, Verleumdung, auch durch den Partner, Stalking, oft unbezahlbare Schulden, Einsamkeit. Scheidung ist ja nur selten einfach ein Wunsch, meist ist sie die einzige, leidvolle Alternative. Sie kann zur Lebensnotwendigkeit werden, wie Luft und Wasser.

Nun war Heinrich aufgetaucht. *„Lieben ist ein Verb"*, dachte sie. Lieben ist etwas, das man tut. *„Liebe kommt erst später"*, singt Golde, Tevjes Frau, im Musical „Der Fiedler auf dem Dach." Tevje, dem alle Traditionen, von denen sein Leben bestimmt war, im „Schtetl" Anatevka zerbrachen. Gleich ein weiteres Unglück traf ihn und seine Frau. Binnen drei Tagen mussten alle Bewohner auswandern.

„Nun, ich habe ihm seine Haushälfte abgekauft", sagte die Frau halblaut zu sich selbst. *„Ich bin zuhause geblieben. Alles auf Kredit. Bargeld besaß ich nicht, die Kinder haben studiert. Ich habe die Schulden abgezahlt, auch wenn es schwer war und lange dauerte."*

Ein paar Jahre nach der Scheidung starb der Mann. Das machte für die Frau alles leichter. *„Er hat sterben müssen, damit die anderen leben können"*, sagte die Therapeutin, zu der sie während der Scheidung schmerzvoll geflüchtet war. Das war stimmig für die Frau. In Gedanken hatte sie ihn oft gebeten, sie endlich in Ruhe zu lassen. „So" hatte sie es nicht gemeint.

Heinrich besuchte die Frau immer wieder. Sie lernte ihn mehr und mehr schätzen. *„Wenn ich mich einlasse, will ich ihm alle Liebe geben, die ich habe"*, sagte sie sich. So geschah es. Aus dem Verb wurde ein Noun. Aus dem Tun ein Gefühl. *„Heinrich ist ein unglaublich liebenswürdiger Mann. Nichts, an dem ich Anstoß nehmen könnte."*

Sie fing an Vertrauen zu fassen. Eine schöne und immer schöner werdende Zeit mit gegenseitigen Besuchen begann. Heinrich, der Unternehmer, war immer noch unternehmungslustig. Die beiden machten Ausflüge. Heinrich zeigte der Frau das wunderschöne östliche Mühlviertel, das sie nur wenig kannte.

Heinrich war beruflich viel in Österreich herumgefahren, ins Ausland war er kaum gekommen. Er bekam das Gefühl etwas nachholen zu wollen. Ausflugsziele in Österreich, an denen er früher nur vorbeigefahren war, strebte er an, wie Hohenwerfen,

Maria Taferl, Gmunden, Salzburg und viele andere. Auch in die Wachau zog es ihn, zu den Marillen, dem Wein und der wunderschönen Landschaft.

In Dürnstein erzählte ihm die Frau die Geschichte, die sich auf der von den Kuenringern im 12. Jahrhundert erbauten Burg abgespielt haben soll. Im Jahre 1191, auf dem dritten Kreuzzug, wurde die israelische Hafenstadt Akkon von Kreuzrittern eingenommen. Leopold der V., Herzog von Österreich, aus der Familie der Babenberger, und der englische König Richard Löwenherz mit ihrem jeweiligen Heer wetteiferten, welcher als erster die Festung erstürmen und sein Banner auf dem Wall aufrichten würde. Herzog Leopold hatte sich besonders hervorgetan. Der englische König war darüber derart erzürnt, er ließ das Banner umstoßen und durch den Schmutz ziehen. Das gefiel dem Herzog nicht. Auf dem Heimweg lauerten seine Leute dem König auf und sperrten ihn in der Burg ein. Lösegeld solle er zahlen für diesen Frevel. In England warteten seine Getreuen. Der König aber kam nicht, doch die Botschaft, er sei in Deutschland oder Österreich in Haft. Der Sänger Blondel liebte seinen Herrn. Mit seinem Saitenspiel machte er sich auf den Weg, von Burg zu Burg. Er schlich um Kerkermauern und sang das Lieblingslied des Königs. Traurig und verzagt wurde er. Es kamen keine Rückmeldungen. Endlich, als er an den Mauern der Burg Dürnstein spielte und sang, gesellte sich eine bekannte Stimme dazu, die Stimme seines Königs. Blondels große Mühe hatte sich gelohnt. Englands Geld befreite den König aus der Haft. Heinrich gefiel die berührende Geschichte von Mut, Durchhaltevermögen und Treue. Seine eigenen Eigenschaften, deren er aber anhand der Erzählung nicht gewahr wurde.

Nach Friedberg in Tschechien machte er einen Ausflug, im Gedenken an seinen Großvater, dessen Ziehwagerl, Hund und Revolver, mit dem er sich im nächtlichen Wald geschützt gefühlt hatte. Das Fest der Fünfblättrigen Rose in Krumau besuchte er und staunte über die vielen wunderschönen Gewänder. Mehrere Damen luden ihn zu gemeinsamen Fotos. Ein Herr, verkleidet als Witigone, lehnte an einem Geländer und tippte auf seinem Handy. Die Frau lachte als sie ihn sah. Die Witigonen sind ein böhmisches Adelsgeschlecht, welches vom 12. Jahrhundert an vierhundert Jahre lang Südböhmen und Teile Österreichs beherrschte.

Auch auf das Wellnessen war Heinrich inzwischen gekommen. Hätte er sich früher kaum vorgestellt, so etwas zu tun. In Gmünd traf er zufällig seinen Cousin Sigfried mit seiner Frau und verbrachte gesprächige Abende. Heinrich, der nicht schwimmen kann, geht mit einer Poolnudel überall ins Wasser, selbst ins Meer. Seit seiner Kindheit war er nicht mehr zum Baden gewesen. Damals hatten er und Freunde in der Steinernen Mühl ihren Spaß gehabt.

Ins Ausland lockte es ihn. Nach Polen, nach Südfrankreich, nach Ungarn und Norwegen und so weiter, reiste Heinrich, der inzwischen zum ältesten Einwohner von Petersberg geworden war. Er möchte noch viel sehen. Plötzlich fing er an, den Nachholbedarf zu spüren. Mit der Frau, an der er nicht locker gelassen hatte, kam das Interesse. Die beiden genießen, was sie aneinander haben und nehmen sich noch viel vor.

Öfter muss Heinrich auch zum Arzt. Bluthochdruck, Alterszucker, Durchblutungsstörungen. An einem heißen Sommertag hatte er einen Termin im Krankenhaus Rohrbach zur Untersuchung der Beinvenen. *„Ziehen Sie die Hose aus“*, sagte die Schwester. Heinrich trug eine kurze, leichte, weite Sommerhose mit Netzeinsatz. *„Ich hab nur diese Hose an“*, erwiderte Heinrich, der wusste, die Hosenröhren lassen sich bis zur Leiste aufstülpen. *„Das macht nichts“*, so die Schwester. *„Wir legen ein Papier drauf.“* Sie legte das Papier sorgfältig. Heinrich schmunzelte. Als dann das Papier verrutschte lächelte er.

Heinrichs Interesse für Politik hatte sich sein Leben lang in Grenzen gehalten. Er erwartete sich nicht allzu viel davon. Seine eigenen, überdachten Entscheidungen waren ihm wichtiger. Er wusste, den Sieg musste er selbst erringen. Auf Hilfe hatte er ja schon bei der Geburt nicht gewartet. Im Jahr 2019 war auch Heinrich höchst erstaunt, welche Machenschaften Politiker liefern. Seit diese beiden Parteien, Türkis und Blau, 2017 vom Volk ans Ruder gerufen worden waren, hatte sich einiges getan. Der

Verwaltungsapparat wurde verändert. Kritische ORF-Moderatoren wurden angegriffen. Um den Verfassungsschutz stand es schlecht. Bei Nacht wurde, von nicht zuständiger Seite, geheimes Material entwendet. Die Sozialversicherungen sollten zusammengelegt werden, den Arbeitgebern mehr Einfluss gewährt werden. Die Mindestsicherung wurde abgeschafft, eine Sozialhilfe Neu eingeführt. Kinderreiche Familien, Schutzbedürftige und Flüchtlinge damit benachteiligt. Der Familienbonus ist ungerecht und bleibt es, auch wenn das Gegenteil erklärt wird. Frau Sozialministerin äußerte: hundertfünfzig Euro pro Monat, damit müsse man auskommen, sie könne das. Bewiesen hat sie es allerdings nicht. Wie auch? Mit Schlafsack auf der Donauinsel? Begutachtungsfristen für Gesetze wurden gekürzt, der zwölf-Stunden-Tag eingeführt, ein Euro und fünfzig Cents pro Stunde für Flüchtlingsarbeit vorgeschlagen. Hetze gegen Flüchtlinge kam beinahe Stunde um Stunde aus FPÖ-Mündern, ebenso gegen ganz normale Muslime, jüdische Bevölkerung nicht ausgenommen. Ein Satz von da, ein Wort von dort. Den Österreichern muss das Fürchten gelehrt werden, damit die Rechten sich als Retter verkaufen können. Immer gibt es Menschen, die aufgrund eigener Erfolgsdefizite Frust entwickeln, diesen auf andere projizieren, anderen dafür die Schuld geben. Schimpfen auf Zuwanderer, zum Beispiel, um sich abzureagieren. Fragst du einen Flüchtlings-Ablehner: *„Geht es dir schlechter seit 2015?"* Zögernd kommt die Antwort: *„Nein, eh nicht." „Kennst du einen Flüchtling, eine geflüchtete Frau, persönlich? Oder Kinder?" „Nein." „Wie würdest du dich als Flüchtling fühlen, in einem Land, in dem du die Sprache nicht verstehst, auf fremde Hilfe angewiesen bist?"* Achselzucken.

Wozu wird Angst geschürt vor Menschen, die Leid erfahren haben? Wegen Wählerstimmen? Sind Fremde nicht einfach Freunde, die man noch nicht kennt? Österreich kann nicht alle Flüchtlinge aufnehmen, seinen angemessenen Teil aber soll es leisten.

Der Innenminister, er ist es nicht mehr, vertritt die Meinung, das Recht müsse der Politik folgen und nicht die Politik dem Recht. Das hatten wir doch schon, oder? Wir wissen, wozu das geführt hat.

Eine Partei erklärt sich besonders als Heimat-Partei. Dann tauchte das Ibiza-Video auf. Der Bundespräsident sagte: „*So sind wir nicht.*" Heinrich sagte: „*Da geht's zu!*" Kaum jemand konnte glauben, was er da sah und hörte. Von der Wichtigkeit der Heimat keine Spur.

Dann zerbrach diese Regierung. Der Vizekanzler bereichere sich unrechtmäßig, kam dazu ans Tageslicht. Übergangsregierung. Erste Frau als Kanzlerin. Neuwahlen: Türkis weit vorne, und Grün, Zuwachs für Neos. SPÖ, schlechtes Ergebnis, FPÖ verliert fast zehn Prozent. Immer mehr negative Details kamen ans Tageslicht. Fast schämte Heinrich sich für einige Politiker in seinem Heimatland. Quo vadis? Ubi ergo dicemus quod? Ja, wohin gehen wir?

Heinrich ist bald Mitte Achtzig. Gedanken macht er sich über seinen Tod nicht allzu viele. Mehr geht es ihm darum, wie er gerecht die Reste seines Erbes an die Kinder verteilen kann. Er wünscht sich weiterhin Frieden unter seinen Kindern. Einmal sprach er von seinem steinernen Ebenbild an der Hauswand. Dass es dort auch nach seinem Tod noch stehen bleiben möge. Vor seinem Haus, in dem er jetzt nur noch das Wohnrecht hat. Vor dem umgebauten Geburts- und Elternhaus. Dort hatte er in Armut begonnen, dort war seine Mutter gewesen, hatte er mit seiner Frau gelebt, dort waren seine Kinder aufgewachsen, von dort aus war er zu einem wohlhabenden Unternehmer geworden. „*Daheim ist daheim*" ist diesem erdverbundenen Mann sein Lieblingsspruch. Wenigstens aus Granit wünscht er weiter daheim zu sein.

Heute ist wieder der 27. August. Der Tag, an dem Heinrich, seit er alt ist und Zeit hat, zu Fuß zum Besl geht. Den Weg nimmt er, den er entlang lief, nachdem er – eine günstige Gelegenheit abwartend – vom Zwetschgenbaum herabgesprungen war, das Weite suchend. An der Stelle, an der er sich damals, mit zwölf Jahren, hingesetzt hatte um nachzudenken, was nun zu tun sei, hält er Rast. Auf einen großen Stein setzt er sich. „*Wie lange das alles zurück liegt*", denkt er und zählt die Jahre. Doch nah ist ihm das Geschehen, sehr nah. Als ob es gestern gewesen wäre. Ein paar Tränen laufen seine Wangen hinab. Mit dem Taschentuch wischt er sie weg. Damals hatte er kaum bemerkt, wie steil es von da bergab geht. Heute nimmt er Stöcke. *„Und vergiss das Handy nicht"*, wurde ihm aufgetragen. Das Bächlein im Tal gurgelt, wie eh und je. Immer gleich. Es wird nicht alt. Auch nicht die Tiefwiese. Nur der Baum, in den er seine Initialen geschnitzt hatte, steht nicht mehr. Den Berg hinan geht es recht langsam, wegen der Luft. Ein wenig bleibt er stehen um durchzuatmen. Vieh sieht er auf der Weide. Sein Vieh. Die Nachkommen der damaligen Beslleute freuen sich. In der Stube reden sie dies und das und von alten Zeiten. Immer wieder erfahren die Jungen während der angenehmen Plauderei von Geschehnissen auf ihrem Hof, die ihnen unbekannt sind. Dafür sind sie ihrem Ehrengast dankbar. Glücklich fühlt Heinrich sich an diesem Tag. Wirklich glücklich. Mit Stöcken und Handy macht er sich nach ein paar Stunden wieder auf den – jetzt für ihn doch recht weiten – Heimweg. Nach Hause. Nach Petersberg. Zum Wohnhaus, zu Halle und Lagerplatz, zum Gasthof mit Disco „Paradies". Ob er am nächsten Jahrestag wieder kommt? *„Wir werden sehen"*, sagt er und lächelt.

Heinrich Grünzweil
Petersberg 46
4172 St. Johann am Wimberg

Die Autorin

Maria Weißböck wurde 1941 in Saalfelden, Land Salzburg, geboren. Nach der Matura arbeitete sie in einer Buchhaltung. Im zweiten Bildungsweg absolvierte sie die Pädagogische Akademie und arbeitete als Lehrerin für Englisch, Werkziehung, Ernährung und Haushalt. Weiter absolvierte sie die Ausbildungen zu Leben- und Sozialberatung und zur zertifizierten Elterntrainerin, hielt Vorträge und Workshops.

Maria Weißböck beweist in ihrem ersten veröffentlichten Werk „Heinrich von Petersberg" durch die authentische Erzählung der wahren Lebensgeschichte, dass das Zuhören ihre besondere Fähigkeit ist.